Worldwide Acclaim for Sudoku

"Diabolically addictive."
—*New York Post*

"A puzzling global phenomenon."
—*The Economist*

"The biggest craze to hit *The Times* since the first crossword puzzle was published in 1935."
—*The Times of London*

"The latest craze in games."
—*BBC News*

"Sudoku is dangerous stuff. Forget work and family—think papers hurled across the room and industrial-sized blobs of correction fluid. I love it!"
—*The Times of London*

"Sudoku are to the first decade of the twenty-first century what Rubik's Cube was to the 1970s."
—*The Daily Telegraph*

"Britain has a new addiction. Hunched over newspapers on crowded subway trains, sneaking secret peeks in the office, a puzzle-crazy nation is trying to slot numbers into small checkerboard grids."
—*Associated Press*

"Forget crosswords."
—*The Christian Science Monitor*

Also Available

Sudoku Easy Presented by Will Shortz Volume 1
Sudoku Easy to Hard Presented by Will Shortz, Volume 2
Sudoku Easy to Hard Presented by Will Shortz, Volume 3
Will Shortz Presents Winter Wonderland Sudoku
Will Shortz Presents Pocket-Size Puzzles: Hard Sudoku
Will Shortz Presents Stay Sharp Sudoku
Will Shortz Presents Sweetheart Sudoku
Will Shortz Presents Enslaved to Sudoku
Will Shortz Presents Super Sudoku
Will Shortz Presents Killer Sudoku
Will Shortz Presents The Monster Book of
  Sudoku for Kids
Will Shortz Presents Stress-Buster Sudoku
Will Shortz Presents Sudoku for Your Vacation
Will Shortz Presents Ultra Easy Sudoku
Will Shortz Presents Ready, Set, Sudoku
Will Shortz Presents Sudoku for Dads
Will Shortz Presents Sudoku for Your Lunch Hour
Will Shortz Presents Sudoku by the Sea
Will Shortz Presents Coffee, Tea, or Sudoku
Will Shortz Presents Starter Sudoku
Will Shortz Presents The Joy of Sudoku
Will Shortz Presents Rise and Shine Sudoku
Will Shortz Presents The Little Flip Book of Sudoku
Will Shortz Presents Puzzles from the World Sudoku
  Championship
Will Shortz Presents Sudoku for 365 Days
Will Shortz Presents Sleepless with Sudoku
Will Shortz Presents Easy Afternoon Sudoku
Will Shortz Presents Sudoku to Soothe Your Soul
Will Shortz Presents Beyond Sudoku
Will Shortz Presents Tame Sudoku
Will Shortz Presents Wild Sudoku
Will Shortz Presents Ferocious Sudoku
Will Shortz Presents Sun, Surf, and Sudoku
Will Shortz Presents 1,001 Sudoku Puzzles to
  Do Right Now
Will Shortz Presents Every Day with Sudoku
Will Shortz Presents Stress-Free Sudoku
Will Shortz Presents Single Scoop Sudoku
Will Shortz Presents Double Dip Sudoku
Will Shortz Presents Triple Threat Sudoku
Will Shortz Presents The Little Luxe Book of Sudoku
Will Shortz Presents Life Lessons From Sudoku
Will Shortz Presents the Double Flip Book of The New
  York Times Crosswords and Sudoku
Will Shortz Presents To Do Sudoku
Will Shortz Presents Simply Sneaky Sudoku
Will Shortz Presents Simply Scary Sudoku
Will Shortz Presents Simply Sinister Sudoku

Will Shortz Presents The Dangerous Book of Sudoku
Will Shortz Presents Coffee Break Sudoku
Will Shortz Presents Sudoku to Exercise Your Brain
Will Shortz Presents Sudoku for the Weekend
Will Shortz Presents Quick Sudoku Volume 1
Will Shortz Presents Tough Sudoku
Will Shortz Presents Treacherous Sudoku
Will Shortz Presents Terrifying Sudoku
Will Shortz Presents Cup o' Joe Sudoku
Will Shortz Presents Puzzle-a-Day: Sudoku
Will Shortz Presents the Puzzle Doctor: Sudoku Fever
Will Shortz Presents Snuggle Up with Sudoku
Will Shortz Presents Wake Up with Sudoku
Will Shortz Presents Outrageously Evil Sudoku
Will Shortz Presents The Little Pink Book of Sudoku
Will Shortz Presents Mild Sudoku
Will Shortz Presents Zesty Sudoku
Will Shortz Presents Hot Sudoku
Will Shortz Presents the Puzzle Doctor: Sudoku Mania
Will Shortz Presents Supreme Book of Sudoku
Will Shortz Presents Extreme Sudoku
Will Shortz Presents Tricky Sudoku
Will Shortz Presents Trickier Sudoku
Will Shortz Presents Trickiest Sudoku
Will Shortz Presents Summertime Sudoku
Will Shortz Presents Puzzle-a-Day: Hard Sudoku
Will Shortz Presents Difficult Sudoku
Will Shortz Presents Daring Sudoku
Will Shortz Presents Dangerous Sudoku
Will Shortz Presents Sudoku for Christmas
Will Shortz Presents Eat, Pray, Sudoku
Will Shortz Presents Mischievous Sudoku
Will Shortz Presents Wicked Sudoku
Will Shortz Presents Devious Sudoku
Will Shortz Presents The Epic Book of Extreme Sudoku
Will Shortz Presents Sizzling Sudoku
Will Shortz Presents Keep Calm and Sudoku On
Will Shortz Presents Holiday Sudoku
Will Shortz Presents The Little Book of Lots of Sudoku
Will Shortz Presents Mad for Sudoku
Will Shortz Presents For the Love of Sudoku
Will Shortz Presents Deadly Sudoku
Will Shortz Presents The Huge Book of Hard Sudoku
Will Shortz Presents Dangerous Sudoku
Will Shortz Presents The Big Beach Book of Sudoku
Will Shortz Presents Surrender to Sudoku
Will Shortz Presents Sudoku to Start Your Day
Will Shortz Presents Wild for Sudoku
Will Shortz Presents Winter Wonderland Sudoku
Will Shortz Presents Stay Sharp Sudoku

WILL SHORTZ PRESENTS

BRAIN-BOOSTING
SUDOKU

WILL SHORTZ PRESENTS
BRAIN-BOOSTING
SUDOKU

200 EASY TO HARD PUZZLES

INTRODUCTION BY
WILL SHORTZ

PUZZLES BY
PZZL.COM

ST. MARTIN'S GRIFFIN
NEW YORK

www.stmartins.com

ISBN: 978-1-250-04929-2

St. Martin's Griffin books may be purchased for educational, business, or promotional use. For information on bulk purchases, please contact Macmillan Corporate and Premium Sales Department at 1-800-221-7945, extension 5442, or write specialmarkets@macmillan.com.

First Edition: August 2014

D   20 19 18 17 16 15 14 13

Introduction

Throughout the history of puzzles and games, many of the biggest successes have come as complete surprises, because they've broken all the "rules."

Parker Bros. famously turned down the rights to the game Monopoly in 1934, because it had "52 design errors." It was too complicated, they said, it had too many pieces, and it took too long to play. So the inventor, Charles B. Darrow, produced and sold 5,000 handmade copies of Monopoly, they quickly sold out, and—once Parker Bros. finally bought the rights—it became the biggest game hit of 1935.

Similarly, the "experts" initially pooh-poohed Scrabble, Trivial Pursuit, crossword puzzles, and many other game and puzzle successes over the years.

Hardly anyone thought sudoku would be popular when it was introduced in Britain in late 2004 and the U.S. in 2005. The public was not interested in number puzzles, according to conventional wisdom. Yet we all know what happened. In less than a year sudoku became one of the most popular puzzles in history. Virtually every newspaper has made room for a daily sudoku, and according to a national survey conducted by *The Philadelphia Inquirer,* sudoku has become the most played game in America. Sudoku tournaments have been held across the country and around the world. In 2005, *The Language Report* named "sudoku" the Word of the Year. Today the craze continues, and, to everyone's surprise, shows little sign of abating.

What's So Great About Sudoku?

The appeal of sudoku comes partly from the simplicity of the rules, which can be stated in a single sentence, and the compactness of the grid, just 9×9 squares—combined with some unexpectedly subtle logic. Even longtime enthusiasts may not understand all the techniques needed to work it. Sudoku packs a lot of punch for so small a feature.

Sudoku is a flexible puzzle. It can have different challenge levels—in this book "Light and Easy," "Moderate," "Demanding," and "Very Challenging"—which you can select according to your skills and mood. And the amount of time needed to solve one—generally between 10 and 30 minutes, for most people for most puzzles—is about perfect in order to feed a daily addiction. If sudoku took less time, it wouldn't pose enough challenge, and if it took more, you might lose interest or simply not be able to fit sudoku into your schedule.

Like crosswords, sudoku puzzles have blank squares that are inviting to fill in. It's said nature abhors a vacuum. We as human beings seem to have a natural compulsion to fill up empty spaces. A sudoku addict has difficulty turning a page that has empty puzzle squares begging to be completed.

Sudoku also provides an appealing rhythm of solving. Generally the first few numbers are easy to enter. Then, in the harder examples at least, you can get stymied and maybe a bit frustrated. Once you make the critical breakthrough (or breakthroughs), though, the final numbers can come quickly, giving you a rush and a heady sense of achievement—often tempting you to start another sudoku immediately. Hence the addictiveness of sudoku, which is the "crack cocaine" of puzzles.

New Challenges
On the following pages are 200 sudoku puzzles rated "Light and Easy" (#1–50), "Moderate" (#51–100), "Demanding" (#101–150) and "Very Challenging" (#151–200). Every one has been checked, rechecked, and then re-rechecked to ensure that it has a unique solution, and that it can be solved using step-by-step logic. You never have to guess here.

As usual, all the puzzles in this book were created by my colleague Peter Ritmeester and the staff of PZZL.com.

Try them. And as one correspondent wrote me recently, you, too, will go "sudoku kuku."

—Will Shortz

How to Solve Sudoku

A sudoku puzzle consists of a 9×9–square grid subdivided into nine 3×3 boxes. Some of the squares contain numbers. The object is to fill in the remaining squares so that every row, every column, and every 3×3 box contains each of the numbers from 1 to 9 exactly once.

Solving a sudoku puzzle involves pure logic. No guesswork is needed—or even desirable. Getting started involves mastering just a few simple techinques.

Take the example on this page (in which we've labeled the nine 3×3 boxes A to I as shown). Note that the boxes H and I already have 8's filled in, but box G does not. Can you determine where the 8 goes here?

5	8	6					1	2
			5	2	8	6		
2	4		8	1				3
			5		3		9	
			8	1	2	4		
4		5	6			7	3	8
	5		2	3			8	1
7				8				
3	6			5				

A	B	C
D	E	F
G	H	I

The 8 can't appear in the top row of squares in box G, because an 8 already appears in the top row of I—and no number can be repeated in a row. Similarly, it can't appear in the middle row of G, because an 8 already appears in the middle row of H. So, by process of elimination, an 8 must appear in the bottom row of G. Since only one square in this row is empty—next to the 3 and 6—you have your first answer. Fill in an 8 to the right of the 6.

Next, look in the three left-hand boxes of the grid, A, D, and G. An 8 appears in both A and G (the latter being the one you just entered). In box A, the 8 appears in the middle column, while in G the 8 appears on the right. By elimination, in box D, an 8 must go in the leftmost column. But which square? The column here has two squares open.

The answer is forced by box E. Here an 8 appears in the middle row. This means an 8 cannot appear in the middle row of D. Therefore, it must appear in the top row of the leftmost column of D. You have your second answer.

In solving a sudoku, build on the answers you've filled in as far as possible—left, right, up, and down—before moving on.

For a different kind of logic, consider the sixth row of numbers—4, ?, 5, 6, ?, ?, 7, 3, 8. The missing numbers must be 1, 2, and 9, in some order. The sixth square can't be a 1, because box E already has a 1. And it can't be a 2, because a 2 already appears in the sixth column in box B. So the sixth square in the sixth row has to be a 9. Fill this in.

Now you're left with just 1 and 2 for the empty squares of this row. The fifth square can't be a 1, because box E already has a 1. So the fifth square must be a 2. The second square, by elimination, has a 1. Voilà! Your first complete row is filled in.

Box E now has only two empty squares, so this is a good spot to consider next. Only the 4 and 7 remain to be filled in. The leftmost square of the middle row can't be a 4, because a 4 already appears in this row in box F. So it must be 7. The remaining square must be 4. Your first complete box is done.

One more tip, and then you're on your own.

Consider 3's in the boxes A, B, and C. Only one 3 is filled in—in the ninth row, in box C. In box A you don't have enough information to fill in a 3 yet. However, you know the 3 can't appear in A's bottom row, because 3 appears in the bottom row of C. And it can't appear in the top row, because that row is already done. Therefore, it must appear in the middle row. Which square you don't know yet. But now, by elimination, you do know that in box B a 3 must appear in the top row. Specifically, it must appear in the fourth column, because 3's already appear in the fifth and sixth columns of E and H. Fill this in.

Following logic, using these and other techniques left for you to discover, you can work your way around the grid, filling in the rest of the missing numbers. The complete solution is shown below.

5	8	6	3	7	4	9	1	2
1	3	7	9	5	2	8	6	4
2	4	9	8	1	6	5	7	3
8	7	2	5	4	3	1	9	6
6	9	3	7	8	1	2	4	5
4	1	5	6	2	9	7	3	8
9	5	4	2	3	7	6	8	1
7	2	1	4	6	8	3	5	9
3	6	8	1	9	5	4	2	7

Remember, don't guess. Be careful not to repeat a number where you shouldn't, because a wrong answer may force you to start over. And don't give up. Soon you'll be a sudoku master!

SEARCHING FOR MORE SUDOKU?

	9	2		5				
		3	1	8		5	2	
1								6
							9	7
5	1	6	9					
		7	4		6	1		
		5		2				1
				4	7		5	
		9	5			8		2

	8	5	4		9		6	
4		9	2		3	1		8
				5	8	9		3
9	4	6						
				9				
2			8				1	9
	1	8			6		7	2
			1					4
	9				5			

3	7		9	1		4	8	
6	4			8	2		9	
	9	8						5
			7		8		6	4
8		7				5		3
		1	6	2			7	8
2		9			1	6		
	1			4		3		2
			2	7			1	

	3		9	5			8	1
		2	3	8	7			
	8	9					7	
9		3				7	1	2
	1			9	2	8		
	2	8	5					
			8				4	
	4	6	2	7	1	9		3
		5	6	4				8

		8			5			1
		3				5		
5			1	2			3	6
3				4	8	7	6	2
				1	7		8	
					3	1		9
			3		4			7
			5					
		4		8		6	2	

	3	8	5	7	6	2	9	
	7	6				1		
9		2		3			7	6
	8			9				
			7	2			6	
	6	9	3			4	5	
	9	5	8	6		3		
		7			3			
6	1	3	4					7

1				8	6	5		
	5	3						2
	8	9	1				3	
5		4		3		2		
7			8		1			
3					9			6
2			9	6	5	4		
9							2	3
	4			7				5

	4				1		5	
	6	9					1	4
								6
9			4		2		7	
		2	9	7			8	
1			8					
5	2					4		
	8		7		4		3	
3				2		1		

3	9			1	8			
					4	9	8	1
	8					5	3	
	2		8		6	3	1	9
9			2				5	7
		7	9	5				6
			1	3	5	6		8
5		8		2		1	4	3
1	3					2		5

9			5			3		
6	7		8				1	
	2		9			5		
		3			1			4
		9	6	4			8	
	6	7					9	
		6			9	4		
						1		7
	5	2						9

1		3	4				6	
	2	5	3			1		4
	4			5		3		
			8		6	9		
4	1			9	3		2	7
				4	1		5	3
	7	4	9	1		2		
3	5					7	9	8
	6		7					5

Light and Easy

	5				6	2		
				5				
		8					5	9
				9		1	3	7
3	9						4	
8		1			3	5		
	6			1			2	3
	8		6			9		
			4			7		6

				2	1			
4	2	5	7				6	8
9	6						2	
		2			6	9	3	1
	8					4		5
					5			
			3			7	5	4
3				4		2		
5			2	1	7			

14 Light and Easy

1		2	8	9			7	
			4			6		
9			1	6	7			8
		9		3			2	
	5	3	2	8		4		
6			7			8	3	
3	1	5			8		6	
4	9		3		2		8	
2		8	5	1		9		3

						6		8
		1	4		9		2	
		2						1
9			6		1			7
				5	3		1	
3							8	4
	5		7					
	4		1		2			9
1					8		7	2

Light and Easy

				9	7	8		
		9		8	1			5
	3		4		2		6	
6						3	5	2
1		8			5			
	2					1	7	8
4			7		9		1	
5								
		3		2				6

3					5	8		
	9	1		8	7	4	2	
				4	6		5	3
6				3			9	
9				7	1			
	7	4		6			3	5
7	1	8		5	4			2
	5						4	
4			7		3			8

6	9	8						5
	5	3	1					
1	7					2	8	
5			7	2	4			8
			5					
9	8	7			1		5	2
			6					7
	1		2			8	6	
		6		9	3		1	

3		8					1	9
1				6			7	
	9		1				4	2
8	1	4	2			7	6	5
5			7	4	6		8	
	3	7		8				4
4			3	2		9		6
		6			9		3	
			6		4			8

	4		6			2	7	8
	2				7	4		5
			4		1		9	3
	5		1	7				
1		8		3	5			6
	3	2		4				1
	8	4		1	2		6	
3		9	7					
			5	6			3	

1				7		4		5
		7				3	6	1
			5	6				
9	7	2		4	5			
	8	4			2			9
							5	
			9	2	7		8	
6	2		4				7	
		8		3				

		7		6			1	4
5					9		7	8
	4					9	3	
	2						9	3
	7		9					2
				2		4		5
1	5		2	7	3		4	
7	3				4			1
4		8	5			3		

		3	4		2		1	5
				3		9	7	6
		1		6	8			
	3		8			5	9	
9	5	7						3
1		6			3			
8						3		
	6			4	1			
			6	8	9			7

	6		3	4				1
			6		5			
		9	7					2
3							8	
1		5					4	
	9		8	2	4	3		5
		8						
	5	4		3	8			7
	1					6		

	6					1	3	
	8	1				9		4
7		9	1		6		2	5
4	7	3						
9			2		3	4		
	2			7	4	3	5	
		7	9			5	4	3
			3				1	6
2		4	6	1				

4			3					
5	1		2	9	7		6	
9	6	3	1		4	5		7
				7		1		
3		6	4			2		5
	7	4		2		3	8	
		2				6	5	
6	5			4	8			
8	3		5		2	7		4

		9	6	1	2	8		4
1				7	5	9	2	3
	8	5			4			
			5			6		1
			3	9		2		5
	9		2		8			
							6	
4			1	8	6	3	7	9
	1			2	9			

9		3	1	8				2
	1		9	2		4	8	3
			7	3	5		1	
		8				6	3	
					9	5	4	
3	7					2		
	3		8				2	
		1	6	9			7	4
7			2		1	3		9

	7	2	1	6	5		3	
1			2	8				5
9					7			
5				2	4		1	
					6	4		7
	1		7			2	8	
6	9			3			7	8
	5							2
7		8			1	5		

Light and Easy

	3						6	
1		2	6	9		5	3	
8	5	6		4			9	1
	7	3	4	1				
4					3	8	2	7
5				7			4	
7	1		5			6		
		5			4		1	
	2					4		5

9			8	2				
7		6				8	5	
	2	8		3			9	
		3			6		7	
6		2						1
5	1		4				3	
8	6	5						9
	7	1			9		8	
				1	8			3

3		9		2		6	1	7
				6		8		
	8	6		1			3	
9	1	8		4		5		3
7								8
					5	4		1
4			2			3	8	5
		2			8			9
		1					2	

		3	5					6
	5			7	6	9		
4	1			3	9			2
	6			5		1		
7			1	9	4		6	5
1	9	5						7
5		1			3			
		7			1	8		4
6	4		2			7	1	3

7	4	5	9		8	1		3
	3	8	5			4		2
9		2			3			
		9	2			3		
	5			7	9	2		1
		4	6		1	7	5	
8	2	1						4
			8	2	9			
	9		1		6	8	2	

	2		3	6		4		7
4		3					1	8
	8	6		4			5	
		7		3	6			
6				7	5		3	4
5	3		9		1	7		
		1		8		2		
			5		4		7	
	4	9		1	2		6	

36 Light and Easy

1	7							4
2			7	5		6		1
	6					2		7
	3	7			2	9		
9	1							
8	5		6	7		4		
			2		4			
			5	9	7		4	2
7					8	3	5	

	9	4	2			7		
			9					8
8	3				6		9	4
	5		1		7	9		
		2		9			1	5
9		3		2		4	6	
1				6				9
3	6							1
2	4		5	1	9	6		3

38 Light and Easy

5	4	2		1				7
7			5		3	6		1
1		6		8		5		9
	5			7				6
	6			5			9	8
9	7							2
		3	7		1	8		
	9					2	1	
			2	6	4	9	7	3

	9		4		3		1	
	1	6			9		8	
	4			5	8			
2		9			1			8
1			6	8	7			9
			9	2	5		3	
		4			2	8	9	1
9	2	3	8	1				7
7	8			9		2		

			9	6				5
9				7	2	8		1
4			5		8	9	2	
	9						1	
	7			8	5			
		1	2		7		6	8
7	6					4	8	
8			7	4	6	1		
	1		8	5		6		

		1				2		
	8	3		1				5
					3	1		7
	9	4					7	
3	1	7		8				
	6			3			9	
1		2			5	9		6
4				9	1			
	5	8			4		1	2

	7	1	2					
	4	3	8	5	7			
	6	5	3	9				4
6	1						2	3
	2	8			5		4	7
4		7	6	3	2			
		4	5	8			3	2
	8	6	7		3		9	
	3					8	5	6

7	4				5	2		
		8		7		9		
	1		2	9	3	8		7
	8		5		7		9	3
1			8	2	9		5	
9		7		6				
	2					4		
			3	6			1	
5	7	1		4		3	8	

4		6	2		8	7	5	
		3		9	7	1		6
7			1			2	3	
	4	5			3			
	8	2	7	6		9	4	5
6						3		
								7
		7	5	1	4		6	
		1	6		2			3

3		9				5		
		6		1			9	
	5	4	6					
5		2	7	6	1			
		1			3			7
6		7				8	1	
			1		6		8	
	9		4	8	7			
7	6	8		5				9

6	9			7		5		
7	8			2				
3			6			7	9	4
	1			5	4	6	8	
4		2	8		7		3	
8			1				5	7
	4		7	8				
2						1		9
	7	6	2		9			

	6		4				9	1
	9		1	3	8	7		
7	4		6	2			8	
	8	4			1	6	3	
6	7	9						2
3					6		4	7
		8	9		3	5	7	6
4		6	5	1				
9	5		8	6				3

1	3			5				2
			2					1
9	2		4			8	6	3
2		1		7				
							3	9
6		3	9	8	2	1		7
7	5		8		9			6
		4		2		9		
8		9			1	7		4

8		1	5		6	7		
		3				5		
		5					8	9
3					5	1		8
		4		9		3	5	
	8	9		1	2	4	6	
				5	1		4	
7				8	4		3	5
4	5	2	6	3				

50 Light and Easy

9		4				2		
3				8				
7	2		6	9			1	4
				5				3
	7		2	6	4	1		
2	8	9	3					5
6	9		7		8			
8		2				6		7
1			5	3				2

					9	7	4	
		6						5
		1			7	2		
	5	8	2				7	6
	4		7		5			
		2			6			
				5			8	
			9			5		1
1								9

					6			
	8	1	9		3		6	
9	4				2			7
		5						6
			1		4			
1	2						8	
			4		3			8
3	7							5
	6				5			

	6					3		
	4	8						
3				7	1			
			8					2
							8	9
4			5		3			
		9	4	2		6		
2							9	
	7	4		1	6			

		5			6			
				9		1		
	3	7						4
				8			1	9
2		6				3		
				6				
6		4	7	2			8	5
	5							
			1			7		

						3		
3		2		6	5			
				1				
	8			2	4			9
				3	9	6		5
			3			7		
	1					5		8
	9	5	7					

4							6	9
						7	5	
						3		
	5	7		8		6	3	
		4	1		5			
6						9		
				2			7	8
		2	7			4		
		5	9		6			

1								
			1		8		3	
				2		4	5	
		2			7		9	
		5	4			6		
3								
8		4			9			
2	1				5	7		
						5		3

	6	3	7		5			4
			4	3			7	
	1	7						9
	9						1	
				4			9	
7		8			3			
		4	2	8	9			
8						2	6	

								8
			8		7		1	9
3		2					5	4
		1	9					
5				6		9	4	
					5			
		9	1					
	7	6	2				8	
		3				2		1

				5				
		3						
	1			7	8			6
			7	3		2		
		4					1	
5				1			4	
	9	2						5
		5	1		6			8
3		1		9		7		

						4		
	1			4		3	6	
	5			9	6			1
			8	1			5	
				5				
3	2							
						2		4
7					4	1		
	6			7	2			

		4	3				7	
	7	2						6
					1			
	5		2					
					9			7
1				5		9	6	8
5			4					1
	4				3			9
	6			2	5			

				9				
	6	3	1					
					2		3	9
		2			8			
1	3		5	7			6	
		4						
2			8	3		1		
5					7	2		
	7					5		6

5					6	9		
9		4			3			
	6	7		8			3	
4		5		1	9			2
					8	5		
						4		8
		3					7	
							5	
7	9					1		

	3			9				8
	5			2	8			
4						5		
	9				2		3	
2		7				6	9	
				8	7		1	
1		4			6			
						1	7	
	6							

		1				4		
	9	2	3				6	
	4			8				2
2						9		
8				5	7			
			9	4	6		5	
	3			1				
								7
6		7			8		1	

8			4				1	
5	6			1		8		
								7
					4		2	
9		6		3			4	5
		2	8		3			
6			1			9		8
4						5		

				6				
3							4	
	8				9	7		5
9			8					
	1		2			4		3
8				5			6	
				1				2
	7					1		
		6		2		9	3	

6		3						4
1	2				5		8	
						1		
8				3		9		
		4	8					1
			6				7	
								8
		2			9			
	3	9	2		7			

5		6				8		
				6	1			
	3		9					5
8				5		7		
		5				4		
			6	7				
		2			3		4	
				8			7	
	9					6		

	1	3		5			4	
5						9		
6				7	9			3
	6							
			2		8			
8								7
4	2				3	5		
		5					1	
3			4					9

4		8		1	2			
	7		5		4			
3							1	
			3					
				7			9	4
		3				2		1
						7		8
	2							5
9			6	2	8			

2		6				1	3	
							2	5
					7			4
	9	1					7	
	2		4					
9				8				7
				1		5		9
		5		2			6	

74 Moderate

	7		8					
				7				
6			5			1		2
		9	6	2				1
		5				3		
	8							9
3		6	9					
7			4				8	
						2	1	

					8			
			6		5	3		4
7	9		1			8		
	1				9			
2			8				3	
	5		4				7	
	6							8
			7	4	6			
		9				1		

6		4	7					
	3							
2				5				
		7	4					6
			1		9	2		3
					3	4	1	
							6	
			9		5	3		1
7		9						5

8		7			9			
		6					7	
								3
	2					8		
7		8		3		4		9
		9			5	7		
								2
2			3			9	1	
	1	4	2					5

78 Moderate

			6	8				2
						3		
	4		5		7			1
6								
		5	8					
2	8	1		9	3			
9		7		5		8		
1	6					4		7
				1				

		3			2			
								6
6			1					
4							1	
8			7		9			5
	7							4
2			3					1
					6	9	2	
5		6					3	7

8								
2		4	9		1		6	
				5		3	2	
1		5	6	9				
			3	4	7			2
		6			8		4	
	7			6				
9			4				5	

						7	5	3
		2						8
6			5	1				
	1	8		4				
		7					8	
9					6			
	3							4
	9	1			3	2		
2					4			

		5	8		3			
			9				7	
	4	3			2			
						6		
	8	4						3
	1		5		9	4		2
	6			3				1
							9	
4								7

8	9			2			6	
	6							
7			3				5	
			5					
5			7		8	4	3	
				9	6		1	
6					3			
								9
					1		8	2

8			7					5
			2					
2			1		9			
5		3					6	
7			9		5			8
	6				4			
					1	2		9
9		5				6		
	1	6					8	

				1				
		8	3					
		9			2		1	3
2				4		7		
	4		6	3			5	
9			8					
	6							1
				5		6		4
			2	8			3	

1		2						9
	3		5				8	
				7				6
	9	7		6			5	
			9					
					7	8		
3				5				
	8		4	3				
9								1

	9	3		2				
5	2							
	6			1	3			
		5			6			
	8		5				2	
4	7						9	
8						2		
			7			6		9
					4		5	

88 Moderate

	5				6	7	9	
			9				3	
	9		7			5	1	
			6	5		1		
	1							7
4		8				9		5
		1	3		8			
	3							
		4		1				

6	8	7			1			
							8	
					5		9	
8		1		7				
					4			7
		3				2		
	5	4	6					
7				2				4
			9			3	1	

			5					6
4				2				
9			7					
				4			7	1
6						4	9	
			8		3			
			6	1				5
	7						1	
2		4		9				

								5
					2			
	4					1		9
	5		2				4	
		1	5			9	2	3
	6	7						
5		6	4				3	
8			3					
				9	1			

92 Moderate

			3					
	6				7	9		
	1	8	9	2				3
	5	9						8
	7		1				6	
				3				
				1		4		
	8	2		5		7		
						6		

					3		4	
				4		2		
9		5					7	
						5		3
6					8	1		
		1				4	6	
2	6	3		9			8	
	8							
				7	1			

	4			9			1	
3	5	6						7
7						5		
				1		2		
				3	2			
			8					3
	1						6	
		2			6	8		5
		9						4

4							7	
6			4			8		
								9
		3			8	6		
	7	1	9			2		
2		4			1			5
					2			
			6	3				8
		7						1

	3					5	7	
	4							
	9	7		6				
			6					8
2			4	5				
		4		2				9
8								
		6	5				9	
				7	8	4	3	

3						7		1
				1		8		
							2	3
	6	7	5		4			
								7
5		8	9					
		9	6				4	
				8			3	
6	4			2	9			

		2				4	3	5
			6		7			
1			3			9		
					4		2	
	8				5		4	
6	5						7	3
	9	1						
			9	7				8

	2			5	6	4		
		4					9	
				4	1		7	
				7				
			6					5
8	9		2					6
				6				
					3	8	4	
	3				9			1

6					4	7		
						4		
8		1						9
	7	9				3		8
				5				
	6		1					
7			2	9				1
		2		1			4	
3			7					

				2			5	
						8	9	
	3					1		
8								
	5		6	1				
	2			4	5			
		5	8					9
1			7		9			
		2		6				3

102 Demanding

8	2			1				4
				6	2			
1						5		
					9			7
6							3	1
					4		2	
	3		8				1	
		2						
		7	9				6	

		6	4	7				
8	5		6					
		4	8					
			5		6			4
	2							1
		3			2			9
						5		
7	1							2
2							8	

104 Demanding

1	9			3			5	6
2					7		8	
	6							
							3	
			9	5				
8	4							9
		6		7				3
			2		6			
		3	5		9		2	

			6					
9	7		5			6		
				4		5		
5		6	8		7			
	4					3	1	
6					9		2	1
3				1			5	
	2					4		

	5		8		9			
			7			4		
								7
7		2		3	4			5
9	3				2	6		
	7	3			5			
	8		6			7		
		5					9	

2								6
		7	3					9
				1	7			
	8	6						2
1							8	
			4		8			3
9	2		1	5		6		
			2					
					3	9		8

				9		5	1	
		7						
			4	1				
		8			2		6	
1				8				
9		5						7
				3			5	
6				5		4		8
	4				6			2

	4	9			2	1		
	5							
				1		9		
	3	1			4			
4				2			8	
	2			5				3
9	1	6		8		2		
5			6	3			9	

		5						7
		6					9	
				8			3	
		4	6	2			5	1
		8		9				
3	2			5				
			2				7	
	8					4		
2	6		9		1			

	3	1		7		4		
5					8	3		
					9			
	7			2			6	
2			5		3			9
4					5	2		
	5		9				1	
				6				3

	3	8				7		
	6				3			5
			4		6		1	
		6						1
								4
9	5		7					
2	7		8					
				4			2	
1				5				

		4	1	7				2
1		8			9			
3					2			5
	7							6
				5		4		
8					1			
	9					3		
			7			5		
			2				1	

	5	2	4			7		
				6			8	
			3				1	
	9							
				2	9			4
			6	8		3		7
		1			4	8	5	
						6		
9				7				

				6			3	
1	7							9
						4	8	
	6		5	7				
			9			2		7
		1				3		
	4				8			
		5						
				1	3			8

	2			4		5		
	4					7		
1	7		5					9
	3		9	8		1	4	
		2					9	
			7				2	
			8					
6		7						1
	5				3			

			7	8			1	
2				3		5		
		2		1				
5		4			6	3		
					9			6
		8				2		
1						4	6	
				7	5			1

5			8		4			
			3	6		5		
7								2
1			5		6		3	
			9		3		1	
		4		1				
	9	1			2			
		2				7		
						4		

					5	2		8
7								4
4		9	6					3
6	7			1				
				8		9	3	
			5					
							1	
3			7		1		5	

120 Demanding

8								
		2		5				
		5		7	3	8	6	
	2		1	6			7	3
			7			1		2
	1					6		
		9	3	1				
3	7						4	

		5	2		4			
9							6	
	4				6		8	
		7	1	4				
					5			2
						9	7	
		4				6		
8		3	9				1	
				8			3	

122 Demanding

	2		9			5	7	
	8				3		6	
		4					8	1
		3		4				
5				2			9	
			5			7		
4				1	2			
9	7						1	

					3		4	
			2			9		
5			8					7
	1		7		2			
				9				
				1		4	2	
		3	5		7			6
		2				8		9
6						5		

7		5	1					
					5	4		
2			9					
6								2
				9				
			7			5		1
9							8	3
		2					7	
		1		8	6	9	4	

Demanding 125

				7				4
		1	3	2				9
				8	1	5		
9	4						2	3
7			6					
2								
				9				6
	2	8	5					
							7	

126 Demanding

					8		5	
			3					2
			9			3		
6	7			3				9
				4	6		1	
	5						4	
						4		
8			1				7	
9		3	6					

				3				8
	3		4		1			
	6						5	
	4		8		5		2	
5			9	1	6	3		
1				9				
2			5		8			
	8				3	4		

3			4	2				
	6	7		5				
						9		
5				6				3
				8			2	4
		4					5	
						1	3	8
	3	5						
	8		7				9	

			3	4				
		2			8			6
					1		4	
3							1	
		1		2	6		3	
8	7	6						
	6					2		
	8		5					7
2		4				8		

130 Demanding

2							1	
3	6				8	2	4	
		7		3				4
	9			1		5		
			7		2			
		8		4		3		
		9		6				
					1	8		6

	3				8			
			5					
	8		7		2		9	
				6				8
6			9				2	5
						3	4	
9	4		6			7		
							1	
		5		1				

132 Demanding

	7	2						3
				4	1			
		5	8			1		
6	3					7	5	
2			1					4
	6				4			5
8			7				9	
	9				6			

								9
	2				1	3	6	
6	7			9		8		
								8
			4					
	8				2	6		
		9		8			5	
7		6						
5			2			4	1	

134 Demanding

			5					3
8	1				2			
	2					7		4
		8				3	1	2
	9			5				
7		3						
				8	9			
						2	6	
		4		6			5	

	6		2		9	7		
		9	3		5	1	8	
			1		4			
		8		3				
	1				7		9	6
					8		4	
							1	2
5	2		7					

2	6		1			9		
						7		
		3		4	2	1		
			7					
		8	2			3		
				6			7	
				9	3	8	5	
3								
1		5						4

	8	5			1			6
4				6				7
							9	
								5
	7		9	1				
	4	6						8
1								
6	9			4		5		
					8		3	2

	6				5			
				9		8	7	
	2		1		6	9		
7	3				4			2
			2			1		3
		1	4		8			7
	4						6	
5				6				

	5		3					
	7			1	8			
						2	4	7
			4	9			6	
			5		3			8
				2				
8		6				7		
		1			9		8	
2	9					5		

140 Demanding

				3				2
	7	6	9		8			
1								7
				4				
				2	1	9	8	
					9		3	
7	8							
	2	5						6
		9				2		

9	1	8						
							5	4
	2			9				
								6
3		5	7					
				4		8		
2					8		6	
		3	5					2
		7	6			5	9	

		3	4				1	2	
		7					6		
						5		7	
			3				8		9
3		8			1				
	2			8					
								5	
		2	8						
4	9		2				6		

				5	4	1		3
								4
		6	3		8			
				2		3	4	
5							1	
		2	5	9				
			6		1			
8		1	2			9		
		7						

		6		7		4		
			6					
	7	9		8		6		1
			2				9	6
		7		1				
1				4		2	3	
	2		3					
		3	7				8	

	5		2			9		
3				6	1			
8			3			7		
	1	5			6		4	
4							9	2
								3
9		1				6		
		4						5
					2			

								1
				8		5		
2		3			4		7	
	7				9	1		2
	6				7			9
		8		5				
							3	
			7					8
			2	6	1	9		

	4	3			7		6	
			6				5	
2						8	3	
	1		2					
9					8	1		
5				3				9
				9				
	7				4			5
							2	

148 Demanding

	7							
		4	6			2		
8					5	9		
				5	4		3	
9	3		2					
		2		1			8	
				6				
1		9				5		
			4			7		

		2						9
	9	8			2		1	
	1				4			
6						7	5	
				8				
					9		2	
	8				1		9	
		7		9			6	
						4		2

								9
	3	4						
8	2			3	5			
				5	8		4	
		5			2			
	9		1		4	3		
7						2		
3			8			9		4
					1		6	

				2	7			
8	4					3	5	
						4	2	
2					1			
		6			5	7		4
				6	4	9		
	8	9		5				
6	1						3	
						8		

		4	9					
8				3				4
		3	1		5			
	4		5					7
6		2						
					9	1		8
2	8				3			
						5		
						7	8	9

5				9			8	7
2					1			
	9				7			
	6		3			2		
1	8							9
			4	5				
8								
	2		7		3			
				2		1	3	

	3	7			9		2	
						9		8
			4				7	5
	8			6				
	4			1	7			
			2				3	
						7		
7		9		8				1
6							8	

7						1	5	
			6		3		8	
		4					9	
		1				5	7	
			8	6				
		8	5					
		6				7		
	2		3	4				
5			7				3	6

6								
						8		
2				7			6	
		5			4		3	
	9	8						
	3			5			7	
				3	8		4	7
		6		4	2		5	3
		9						

	7				6			
		2		1	7			
				2			9	1
			6				8	
5	3	6						7
		7		8	2	9	1	
	5	4						
					1		4	

1		3		8		2	6	
2					4		1	
			3			4		
	5					8		
	2			3				
4					2		9	
	8			1				7
9		7						
								5

			3	9	4			
		1					2	
				5				6
7			2	1				
								5
						4		
	6		4			5		3
9		2	7					
8	4					9		

3	4				6			
2		6				1		8
			5	1		6		
					4	5		
				2	7			
	8	9						
				5		2		9
			3				5	1
		7		9				

	1	4						
						5		
			3	9	4		6	
			2		3		1	
			8			2		
		6					9	5
	8	9	4			1		
7							2	8
					5			6

6	2				5	3		
		7						4
						5		
7				5			9	
								5
	8	9	6	1				
2		4	7					
						6		
			9	2	1		8	

		1			9	4		2
		7					1	
4			2					5
			4		6	3		
	3			9		6		
5				7			3	
					4			
			9	6	2		7	1

			7		2	4		6
8				4		7		
								5
		4	8		9			
	7	3		5				
		8		6				2
	3					5		
4		7					1	
	6		4			3		

				8			1	4
			4					
						2	6	
4		2			3			8
	7					6		
	8						5	
			1				9	
5		7			2	3		
		3			7		4	

	8				4			
3	2							9
			5	6			1	
		2					3	
1		4		7				
8			6			9		
				9		8		
4			3		1			5

	9						2	
8				6	3			
		6					5	
	2			1	4			
1	5		2					
		9					7	
		3			9			
			4					1
				7			6	8

					1	3		7
8		6			3			
	2							
5					9		8	3
				4		1		9
						4		
2	7	8						
							2	
	9				4	5		

1							9	
6		8	7	3				
		2	4		5			
					7			2
	3						1	
7			6				4	5
					9		2	
				1				
		5				1		6

			7					
		9	8	3		2		
2					4		1	9
		8	6			7		
	3		4					
5				8				1
	1				9			5
								6
	7					1		

8				6		5		2
		4				7		
							1	
	2			5	9			1
			8		7			
	8	9					3	
				4				
	9		7		5			
	1	2						8

			1			5		
6	8			2				
			4					9
	5	4						
		2						
			8			1	7	
	7						6	1
	9						8	
				8	1	3	5	

2				3		5	7	
				8	1			
					6	3	1	
			1		5			
4	2		6					
		6						
	1	5			8			9
	6					8		
					4			3

		8				7	4	6
	7						1	
				9	3			
		2			4			1
3		9	8		1			
						3		
						8		
4	8						2	
		1			5			9

	4				8	7	5	
3					4		6	
			5					
			6		7	9		
						8		4
		1		9	5			
			9			2		
	7	6						
		9						1

1			5	8		4		3
	5							
				3			9	
								5
2	3		1				6	
	6	8					7	
8		3		2		6		7
	2	9					4	
					7			

				5		7		8
								4
		3				9		
	5		4					
	1	7	6		2			
			9					
		5			6		4	9
9					8	6		1
7	3			4				

2	4	6	9					1
		1					8	
		3					7	
			3		4	7		
				2	6			
5				8				
		8	1			4		
4					9		3	
	7							

	3					6		
1					5			
9		2	1					
7	1						2	
	9		4				3	
6			7				4	
		7			1	2		
8				7	6			
		9		4		5		

	4							
	7		6		8			
	5	2					4	1
		4			9		7	
	9		3	7	5			6
						6		
		3	2			9	1	
				5				3

			2					5
				7			1	
8	4	1						3
6			9					
	5	9		6				
7						1		
		4						
				8	5	3		
9		7		2				4

				1		9		5
2		9						
3								
							3	
		2			4			
		5		8		6	7	
		8	5	4				9
	9				6		2	
	1			7				

	4				3			
		9	6					
8				2				
	3				4		7	
			9				8	
	7		3					1
1				9	6			
				7			2	3
			5			8		

	2		7					
		3						2
			5			3		
	6	9						3
			8		4		6	9
	7	4						
2			9	3				1
	4					2		
				5		7		

		6	7			1		
	9	3	1					2
					3		4	
9					1			
1			2	3		5		
		5			9			
				6		7		
8		2						1
					8		3	6

								2
	5		9				3	
	1		5		7		6	
			1	8				4
5	3							
9							2	
		4		7				1
		3	4		6			
					1	4		

							2	3
6					3			
			6	8				9
3		4			9			7
2							1	6
		6				5		
					2		9	5
					1			
	8		5			7		

188 Beware! Very Challenging

	9				5			
			1				4	
5								
		1		4				2
6	8				1	3		
			2	9				8
		8			6		7	
2	4	7					8	

				4				6
	3					4	5	
1					3			7
		8		5	7			
			2					
	2	3						8
	4		9			2		
		9		6	8			
		1		7				

5			9				1	
			6			5		
	6							
				7	5			
		9	3					
3				4			8	
9			2		1		7	
	4					2		
1	8						3	

					2	5		3
8					6		7	
		9						
4				5			6	
	3	6	4			9		
6				3	8			1
5	1			7				
	7		9					8

Beware! Very Challenging

	7							3
	9		7		8			
2							9	
	1			5				
	2	8	9			1		
		3		4	7	8		
						3	5	
			6					
9		1				4		6

1			7		4		2	
			5				8	9
	2							
		2	1					
		9		7		6	5	
3	8							
		3			8			6
						5	4	
				3	7			

	9						5	
		8		6			1	
3		4						8
4					8			
				9	3			2
1	3		5			4		
	2							3
6								7
			9	2				

9			6	2				
	2		4	9		7		
					3	5		
			9					8
	4		1				9	
5								3
2			5				1	
	5	7		6		2		

						3		1
					9		7	
		2	1		3			
				7		6	1	
6							2	3
			3	4				
7		1		5				
4						7	9	
			7	9			8	

		4						
8			6					
		2		3	5	4		
4		6		2			5	
					7	9		6
			5			1		
	5		1				3	7
		3	9				1	
6							4	

Beware! Very Challenging

	5					3		
					8		4	
1								
6				3		8		
		5				7	9	
		4			2			
	1		8					
4			6					2
	7	8			3			5

			1	4	7			
8			3					
				5				7
						9		3
		2					6	
4		1				5		
			6					9
	7		2	3	5	8		1
3	5		4					

		8				1		
4								
9		7	6				8	
	5		9					
1	3					4		
					2	9		
			2	8				6
			4					5
8			5			2	

ANSWERS

1

4	9	2	6	5	3	7	1	8
6	7	3	1	8	4	5	2	9
1	5	8	7	9	2	3	4	6
8	3	4	2	1	5	6	9	7
5	1	6	9	7	8	2	3	4
9	2	7	4	3	6	1	8	5
7	8	5	3	2	9	4	6	1
2	6	1	8	4	7	9	5	3
3	4	9	5	6	1	8	7	2

2

3	8	5	4	1	9	2	6	7
4	6	9	2	7	3	1	5	8
1	2	7	6	5	8	9	4	3
9	4	6	7	3	1	8	2	5
8	7	1	5	9	2	4	3	6
2	5	3	8	6	4	7	1	9
5	1	8	9	4	6	3	7	2
6	3	2	1	8	7	5	9	4
7	9	4	3	2	5	6	8	1

3

3	7	2	9	1	5	4	8	6
6	4	5	3	8	2	7	9	1
1	9	8	4	6	7	2	3	5
9	2	3	7	5	8	1	6	4
8	6	7	1	9	4	5	2	3
4	5	1	6	2	3	9	7	8
2	8	9	5	3	1	6	4	7
7	1	6	8	4	9	3	5	2
5	3	4	2	7	6	8	1	9

4

4	3	7	9	5	6	2	8	1
1	6	2	3	8	7	5	9	4
5	8	9	1	2	4	3	7	6
9	5	3	4	6	8	7	1	2
6	1	4	7	9	2	8	3	5
7	2	8	5	1	3	4	6	9
2	9	1	8	3	5	6	4	7
8	4	6	2	7	1	9	5	3
3	7	5	6	4	9	1	2	8

5

6	9	8	4	3	5	2	7	1
1	2	3	8	7	6	5	9	4
5	4	7	1	2	9	8	3	6
3	1	5	9	4	8	7	6	2
4	6	9	2	1	7	3	8	5
8	7	2	6	5	3	1	4	9
2	8	1	3	6	4	9	5	7
7	3	6	5	9	2	4	1	8
9	5	4	7	8	1	6	2	3

6

1	3	8	5	7	6	2	9	4
5	7	6	2	4	9	1	3	8
9	4	2	1	3	8	5	7	6
2	8	4	6	9	5	7	1	3
3	5	1	7	2	4	8	6	9
7	6	9	3	8	1	4	5	2
4	9	5	8	6	7	3	2	1
8	2	7	9	1	3	6	4	5
6	1	3	4	5	2	9	8	7

1	7	2	3	8	6	5	4	9
6	5	3	7	9	4	8	1	2
4	8	9	1	5	2	6	3	7
5	1	4	6	3	7	2	9	8
7	9	6	8	2	1	3	5	4
3	2	8	5	4	9	1	7	6
2	3	7	9	6	5	4	8	1
9	6	5	4	1	8	7	2	3
8	4	1	2	7	3	9	6	5

2	4	3	6	8	1	7	5	9
8	6	9	2	5	7	3	1	4
7	1	5	3	4	9	8	2	6
9	5	8	4	1	2	6	7	3
4	3	2	9	7	6	5	8	1
1	7	6	8	3	5	9	4	2
5	2	7	1	6	3	4	9	8
6	8	1	7	9	4	2	3	5
3	9	4	5	2	8	1	6	7

9

3	9	4	5	1	8	7	6	2
7	5	2	3	6	4	9	8	1
6	8	1	7	9	2	5	3	4
4	2	5	8	7	6	3	1	9
9	6	3	2	4	1	8	5	7
8	1	7	9	5	3	4	2	6
2	4	9	1	3	5	6	7	8
5	7	8	6	2	9	1	4	3
1	3	6	4	8	7	2	9	5

10

9	4	1	5	2	6	3	7	8
6	7	5	8	3	4	9	1	2
3	2	8	9	1	7	5	4	6
2	8	3	7	9	1	6	5	4
5	1	9	6	4	2	7	8	3
4	6	7	3	5	8	2	9	1
7	3	6	1	8	9	4	2	5
8	9	4	2	6	5	1	3	7
1	5	2	4	7	3	8	6	9

11

1	9	3	4	8	7	5	6	2
7	2	5	3	6	9	1	8	4
6	4	8	1	5	2	3	7	9
5	3	2	8	7	6	9	4	1
4	1	6	5	9	3	8	2	7
9	8	7	2	4	1	6	5	3
8	7	4	9	1	5	2	3	6
3	5	1	6	2	4	7	9	8
2	6	9	7	3	8	4	1	5

12

9	5	4	3	8	6	2	7	1
1	3	2	9	5	7	8	6	4
6	7	8	2	4	1	3	5	9
5	2	6	8	9	4	1	3	7
3	9	7	1	2	5	6	4	8
8	4	1	7	6	3	5	9	2
7	6	9	5	1	8	4	2	3
4	8	3	6	7	2	9	1	5
2	1	5	4	3	9	7	8	6

13

8	7	3	6	2	1	5	4	9
4	2	5	7	9	3	1	6	8
9	6	1	8	5	4	3	2	7
7	5	2	4	8	6	9	3	1
6	8	9	1	3	2	4	7	5
1	3	4	9	7	5	6	8	2
2	1	8	3	6	9	7	5	4
3	9	7	5	4	8	2	1	6
5	4	6	2	1	7	8	9	3

14

1	6	2	8	9	5	3	7	4
5	8	7	4	2	3	6	9	1
9	3	4	1	6	7	2	5	8
8	4	9	6	3	1	5	2	7
7	5	3	2	8	9	4	1	6
6	2	1	7	5	4	8	3	9
3	1	5	9	4	8	7	6	2
4	9	6	3	7	2	1	8	5
2	7	8	5	1	6	9	4	3

15

4	7	3	2	1	5	6	9	8
8	6	1	4	7	9	3	2	5
5	9	2	3	8	6	7	4	1
9	8	5	6	4	1	2	3	7
7	2	4	8	5	3	9	1	6
3	1	6	9	2	7	5	8	4
2	5	8	7	9	4	1	6	3
6	4	7	1	3	2	8	5	9
1	3	9	5	6	8	4	7	2

16

2	5	6	3	9	7	8	4	1
7	4	9	6	8	1	2	3	5
8	3	1	4	5	2	9	6	7
6	9	4	1	7	8	3	5	2
1	7	8	2	3	5	6	9	4
3	2	5	9	4	6	1	7	8
4	8	2	7	6	9	5	1	3
5	6	7	8	1	3	4	2	9
9	1	3	5	2	4	7	8	6

17

3	4	6	2	9	5	8	7	1
5	9	1	3	8	7	4	2	6
8	2	7	1	4	6	9	5	3
6	8	5	4	3	2	1	9	7
9	3	2	5	7	1	6	8	4
1	7	4	8	6	9	2	3	5
7	1	8	9	5	4	3	6	2
2	5	3	6	1	8	7	4	9
4	6	9	7	2	3	5	1	8

18

6	9	8	4	3	2	1	7	5
2	5	3	1	7	8	9	4	6
1	7	4	9	5	6	2	8	3
5	3	1	7	2	4	6	9	8
4	6	2	5	8	9	7	3	1
9	8	7	3	6	1	4	5	2
8	4	9	6	1	5	3	2	7
3	1	5	2	4	7	8	6	9
7	2	6	8	9	3	5	1	4

19

3	6	8	4	7	2	5	1	9
1	4	2	9	6	5	8	7	3
7	9	5	1	3	8	6	4	2
8	1	4	2	9	3	7	6	5
5	2	9	7	4	6	3	8	1
6	3	7	5	8	1	2	9	4
4	8	1	3	2	7	9	5	6
2	5	6	8	1	9	4	3	7
9	7	3	6	5	4	1	2	8

20

9	4	1	6	5	3	2	7	8
6	2	3	8	9	7	4	1	5
8	7	5	4	2	1	6	9	3
4	5	6	1	7	8	3	2	9
1	9	8	2	3	5	7	4	6
7	3	2	9	4	6	5	8	1
5	8	4	3	1	2	9	6	7
3	6	9	7	8	4	1	5	2
2	1	7	5	6	9	8	3	4

21

1	6	9	8	7	3	4	2	5
8	5	7	2	9	4	3	6	1
2	4	3	5	6	1	8	9	7
9	7	2	3	4	5	6	1	8
5	8	4	6	1	2	7	3	9
3	1	6	7	8	9	2	5	4
4	3	5	9	2	7	1	8	6
6	2	1	4	5	8	9	7	3
7	9	8	1	3	6	5	4	2

22

9	8	7	3	6	2	5	1	4
5	6	3	1	4	9	2	7	8
2	4	1	7	5	8	9	3	6
6	2	5	4	8	1	7	9	3
8	7	4	9	3	5	1	6	2
3	1	9	6	2	7	4	8	5
1	5	6	2	7	3	8	4	9
7	3	2	8	9	4	6	5	1
4	9	8	5	1	6	3	2	7

23

6	7	3	4	9	2	8	1	5
2	4	8	1	3	5	9	7	6
5	9	1	7	6	8	4	3	2
4	3	2	8	7	6	5	9	1
9	5	7	2	1	4	6	8	3
1	8	6	9	5	3	7	2	4
8	1	4	5	2	7	3	6	9
7	6	9	3	4	1	2	5	8
3	2	5	6	8	9	1	4	7

24

8	6	7	3	4	2	9	5	1
4	2	1	6	9	5	8	7	3
5	3	9	7	8	1	4	6	2
3	4	2	5	1	6	7	8	9
1	8	5	9	7	3	2	4	6
7	9	6	8	2	4	3	1	5
2	7	8	1	6	9	5	3	4
6	5	4	2	3	8	1	9	7
9	1	3	4	5	7	6	2	8

25

5	6	2	4	8	9	1	3	7
3	8	1	7	5	2	9	6	4
7	4	9	1	3	6	8	2	5
4	7	3	5	9	1	6	8	2
9	5	8	2	6	3	4	7	1
1	2	6	8	7	4	3	5	9
6	1	7	9	2	8	5	4	3
8	9	5	3	4	7	2	1	6
2	3	4	6	1	5	7	9	8

26

4	2	7	3	5	6	8	9	1
5	1	8	2	9	7	4	6	3
9	6	3	1	8	4	5	2	7
2	9	5	8	7	3	1	4	6
3	8	6	4	1	9	2	7	5
1	7	4	6	2	5	3	8	9
7	4	2	9	3	1	6	5	8
6	5	1	7	4	8	9	3	2
8	3	9	5	6	2	7	1	4

27

7	3	9	6	1	2	8	5	4
1	6	4	8	7	5	9	2	3
2	8	5	9	3	4	7	1	6
8	2	3	5	4	7	6	9	1
6	4	7	3	9	1	2	8	5
5	9	1	2	6	8	4	3	7
9	7	8	4	5	3	1	6	2
4	5	2	1	8	6	3	7	9
3	1	6	7	2	9	5	4	8

28

9	6	3	1	8	4	7	5	2
5	1	7	9	2	6	4	8	3
8	4	2	7	3	5	9	1	6
4	9	8	5	1	2	6	3	7
1	2	6	3	7	9	5	4	8
3	7	5	4	6	8	2	9	1
6	3	9	8	4	7	1	2	5
2	5	1	6	9	3	8	7	4
7	8	4	2	5	1	3	6	9

29

8	7	2	1	6	5	9	3	4
1	4	3	2	8	9	7	6	5
9	6	5	3	4	7	8	2	1
5	8	7	9	2	4	3	1	6
2	3	9	8	1	6	4	5	7
4	1	6	7	5	3	2	8	9
6	9	4	5	3	2	1	7	8
3	5	1	4	7	8	6	9	2
7	2	8	6	9	1	5	4	3

30

9	3	7	1	8	5	2	6	4
1	4	2	6	9	7	5	3	8
8	5	6	3	4	2	7	9	1
2	7	3	4	1	8	9	5	6
4	6	1	9	5	3	8	2	7
5	9	8	2	7	6	1	4	3
7	1	4	5	3	9	6	8	2
6	8	5	7	2	4	3	1	9
3	2	9	8	6	1	4	7	5

31

9	5	4	8	2	7	3	1	6
7	3	6	9	4	1	8	5	2
1	2	8	6	3	5	4	9	7
4	9	3	1	8	6	2	7	5
6	8	2	7	5	3	9	4	1
5	1	7	4	9	2	6	3	8
8	6	5	3	7	4	1	2	9
3	7	1	2	6	9	5	8	4
2	4	9	5	1	8	7	6	3

32

3	5	9	8	2	4	6	1	7
1	7	4	3	6	9	8	5	2
2	8	6	5	1	7	9	3	4
9	1	8	7	4	2	5	6	3
7	4	5	1	3	6	2	9	8
6	2	3	9	8	5	4	7	1
4	6	7	2	9	1	3	8	5
5	3	2	6	7	8	1	4	9
8	9	1	4	5	3	7	2	6

33

9	7	3	5	1	2	4	8	6
8	5	2	4	7	6	9	3	1
4	1	6	8	3	9	5	7	2
2	6	4	3	5	7	1	9	8
7	3	8	1	9	4	2	6	5
1	9	5	6	2	8	3	4	7
5	8	1	7	4	3	6	2	9
3	2	7	9	6	1	8	5	4
6	4	9	2	8	5	7	1	3

34

7	4	5	9	2	8	1	6	3
6	3	8	5	1	7	4	9	2
9	1	2	4	6	3	5	7	8
1	7	9	2	5	4	3	8	6
3	5	6	8	7	9	2	4	1
2	8	4	6	3	1	7	5	9
8	2	1	7	9	5	6	3	4
4	6	7	3	8	2	9	1	5
5	9	3	1	4	6	8	2	7

35

1	2	5	3	6	8	4	9	7
4	7	3	2	5	9	6	1	8
9	8	6	1	4	7	3	5	2
8	9	7	4	3	6	5	2	1
6	1	2	8	7	5	9	3	4
5	3	4	9	2	1	7	8	6
7	5	1	6	8	3	2	4	9
2	6	8	5	9	4	1	7	3
3	4	9	7	1	2	8	6	5

36

1	7	8	9	2	6	5	3	4
2	4	9	7	5	3	6	8	1
3	6	5	4	8	1	2	9	7
4	3	7	8	1	2	9	6	5
9	1	6	3	4	5	7	2	8
8	5	2	6	7	9	4	1	3
5	9	1	2	3	4	8	7	6
6	8	3	5	9	7	1	4	2
7	2	4	1	6	8	3	5	9

37

5	9	4	2	8	1	7	3	6
6	2	7	9	4	3	1	5	8
8	3	1	7	5	6	2	9	4
4	5	6	1	3	7	9	8	2
7	8	2	6	9	4	3	1	5
9	1	3	8	2	5	4	6	7
1	7	5	3	6	2	8	4	9
3	6	9	4	7	8	5	2	1
2	4	8	5	1	9	6	7	3

38

5	4	2	6	1	9	3	8	7
7	8	9	5	2	3	6	4	1
1	3	6	4	8	7	5	2	9
2	5	1	9	7	8	4	3	6
3	6	4	1	5	2	7	9	8
9	7	8	3	4	6	1	5	2
4	2	3	7	9	1	8	6	5
6	9	7	8	3	5	2	1	4
8	1	5	2	6	4	9	7	3

39

8	9	2	4	6	3	7	1	5
5	1	6	2	7	9	3	8	4
3	4	7	1	5	8	9	6	2
2	6	9	3	4	1	5	7	8
1	3	5	6	8	7	4	2	9
4	7	8	9	2	5	1	3	6
6	5	4	7	3	2	8	9	1
9	2	3	8	1	4	6	5	7
7	8	1	5	9	6	2	4	3

40

1	8	2	9	6	3	7	4	5
9	5	6	4	7	2	8	3	1
4	3	7	5	1	8	9	2	6
2	9	8	6	3	4	5	1	7
6	7	3	1	8	5	2	9	4
5	4	1	2	9	7	3	6	8
7	6	5	3	2	1	4	8	9
8	2	9	7	4	6	1	5	3
3	1	4	8	5	9	6	7	2

41

6	4	1	7	5	8	2	3	9
7	8	3	9	1	2	4	6	5
5	2	9	6	4	3	1	8	7
8	9	4	1	2	6	5	7	3
3	1	7	5	8	9	6	2	4
2	6	5	4	3	7	8	9	1
1	3	2	8	7	5	9	4	6
4	7	6	2	9	1	3	5	8
9	5	8	3	6	4	7	1	2

42

9	7	1	2	6	4	3	8	5
2	4	3	8	5	7	1	6	9
8	6	5	3	9	1	2	7	4
6	1	9	4	7	8	5	2	3
3	2	8	9	1	5	6	4	7
4	5	7	6	3	2	9	1	8
1	9	4	5	8	6	7	3	2
5	8	6	7	2	3	4	9	1
7	3	2	1	4	9	8	5	6

43

7	4	9	6	8	5	2	3	1
2	3	8	4	7	1	9	6	5
6	1	5	2	9	3	8	4	7
4	8	2	5	1	7	6	9	3
1	6	3	8	2	9	7	5	4
9	5	7	3	6	4	1	2	8
3	2	6	1	5	8	4	7	9
8	9	4	7	3	6	5	1	2
5	7	1	9	4	2	3	8	6

44

4	1	6	2	3	8	7	5	9
5	2	3	4	9	7	1	8	6
7	9	8	1	5	6	2	3	4
1	4	5	9	2	3	6	7	8
3	8	2	7	6	1	9	4	5
6	7	9	8	4	5	3	2	1
2	6	4	3	8	9	5	1	7
9	3	7	5	1	4	8	6	2
8	5	1	6	7	2	4	9	3

45

3	1	9	2	7	4	5	6	8
2	7	6	5	1	8	4	9	3
8	5	4	6	3	9	2	7	1
5	8	2	7	6	1	9	3	4
9	4	1	8	2	3	6	5	7
6	3	7	9	4	5	8	1	2
4	2	3	1	9	6	7	8	5
1	9	5	4	8	7	3	2	6
7	6	8	3	5	2	1	4	9

46

6	9	1	4	7	3	5	2	8
7	8	4	9	2	5	3	1	6
3	2	5	6	1	8	7	9	4
9	1	7	3	5	4	6	8	2
4	5	2	8	6	7	9	3	1
8	6	3	1	9	2	4	5	7
5	4	9	7	8	1	2	6	3
2	3	8	5	4	6	1	7	9
1	7	6	2	3	9	8	4	5

47

8	6	3	4	7	5	2	9	1
5	9	2	1	3	8	7	6	4
7	4	1	6	2	9	3	8	5
2	8	4	7	5	1	6	3	9
6	7	9	3	8	4	1	5	2
3	1	5	2	9	6	8	4	7
1	2	8	9	4	3	5	7	6
4	3	6	5	1	7	9	2	8
9	5	7	8	6	2	4	1	3

48

1	3	7	6	5	8	4	9	2
4	8	6	2	9	3	5	7	1
9	2	5	4	1	7	8	6	3
2	9	1	3	7	5	6	4	8
5	7	8	1	6	4	2	3	9
6	4	3	9	8	2	1	5	7
7	5	2	8	4	9	3	1	6
3	1	4	7	2	6	9	8	5
8	6	9	5	3	1	7	2	4

49

8	9	1	5	4	6	7	2	3
6	7	3	9	2	8	5	1	4
2	4	5	1	7	3	6	8	9
3	2	7	4	6	5	1	9	8
1	6	4	8	9	7	3	5	2
5	8	9	3	1	2	4	6	7
9	3	8	7	5	1	2	4	6
7	1	6	2	8	4	9	3	5
4	5	2	6	3	9	8	7	1

50

9	6	4	1	7	5	2	3	8
3	5	1	4	8	2	9	7	6
7	2	8	6	9	3	5	1	4
4	1	6	8	5	9	7	2	3
5	7	3	2	6	4	1	8	9
2	8	9	3	1	7	4	6	5
6	9	5	7	2	8	3	4	1
8	3	2	9	4	1	6	5	7
1	4	7	5	3	6	8	9	2

51

5	2	3	6	1	9	7	4	8
8	7	6	4	2	3	1	9	5
4	9	1	5	8	7	2	6	3
3	5	8	2	4	1	9	7	6
6	4	9	7	3	5	8	1	2
7	1	2	8	9	6	3	5	4
9	3	4	1	5	2	6	8	7
2	8	7	9	6	4	5	3	1
1	6	5	3	7	8	4	2	9

52

7	5	3	4	1	6	8	2	9
2	8	1	9	7	3	5	6	4
9	4	6	8	5	2	1	3	7
4	3	5	7	2	8	9	1	6
6	9	8	1	3	4	7	5	2
1	2	7	5	6	9	4	8	3
5	1	2	6	4	7	3	9	8
3	7	9	2	8	1	6	4	5
8	6	4	3	9	5	2	7	1

53

9	6	7	2	8	4	3	1	5
1	4	8	3	5	9	7	2	6
3	2	5	6	7	1	9	4	8
6	9	1	8	4	7	5	3	2
7	5	3	1	6	2	4	8	9
4	8	2	5	9	3	1	6	7
5	3	9	4	2	8	6	7	1
2	1	6	7	3	5	8	9	4
8	7	4	9	1	6	2	5	3

54

1	2	5	4	3	6	8	9	7
4	6	8	5	9	7	1	2	3
9	3	7	8	1	2	5	6	4
5	7	3	2	8	4	6	1	9
2	4	6	9	7	1	3	5	8
8	9	1	3	6	5	4	7	2
6	1	4	7	2	3	9	8	5
7	5	9	6	4	8	2	3	1
3	8	2	1	5	9	7	4	6

55

9	5	1	4	8	7	3	2	6
3	7	2	9	6	5	8	1	4
4	6	8	2	1	3	9	5	7
6	8	7	5	2	4	1	3	9
1	2	4	8	3	9	6	7	5
5	3	9	1	7	6	4	8	2
2	4	6	3	5	8	7	9	1
7	1	3	6	9	2	5	4	8
8	9	5	7	4	1	2	6	3

56

4	7	3	5	1	2	8	6	9
8	2	1	6	9	3	7	5	4
5	6	9	8	7	4	3	1	2
2	5	7	4	8	9	6	3	1
3	9	4	1	6	5	2	8	7
6	1	8	2	3	7	9	4	5
9	4	6	3	2	1	5	7	8
1	3	2	7	5	8	4	9	6
7	8	5	9	4	6	1	2	3

57

1	2	7	5	3	4	9	6	8
5	4	6	1	9	8	2	3	7
9	3	8	7	2	6	4	5	1
4	8	2	6	1	7	3	9	5
7	9	5	4	8	3	6	1	2
3	6	1	9	5	2	8	7	4
8	5	4	3	7	9	1	2	6
2	1	3	8	6	5	7	4	9
6	7	9	2	4	1	5	8	3

58

2	6	3	7	9	5	1	8	4
9	8	5	4	3	1	6	7	2
4	1	7	8	6	2	3	5	9
3	9	6	5	2	8	4	1	7
5	2	1	6	4	7	8	9	3
7	4	8	9	1	3	5	2	6
6	5	4	2	8	9	7	3	1
1	7	2	3	5	6	9	4	8
8	3	9	1	7	4	2	6	5

59

9	1	7	4	5	3	6	2	8
4	6	5	8	2	7	3	1	9
3	8	2	6	1	9	7	5	4
7	3	1	9	4	2	8	6	5
5	2	8	3	6	1	9	4	7
6	9	4	7	8	5	1	3	2
2	5	9	1	3	8	4	7	6
1	7	6	2	9	4	5	8	3
8	4	3	5	7	6	2	9	1

60

6	4	8	2	5	3	9	7	1
7	5	3	9	6	1	4	8	2
2	1	9	4	7	8	5	3	6
1	8	6	7	3	4	2	5	9
9	3	4	5	8	2	6	1	7
5	2	7	6	1	9	8	4	3
8	9	2	3	4	7	1	6	5
4	7	5	1	2	6	3	9	8
3	6	1	8	9	5	7	2	4

61

6	7	3	1	2	5	4	8	9
2	1	9	7	4	8	3	6	5
8	5	4	3	9	6	7	2	1
9	4	7	8	1	3	6	5	2
1	8	6	2	5	7	9	4	3
3	2	5	4	6	9	8	1	7
5	9	8	6	3	1	2	7	4
7	3	2	5	8	4	1	9	6
4	6	1	9	7	2	5	3	8

62

6	1	4	3	9	2	8	7	5
9	7	2	5	4	8	3	1	6
8	3	5	6	7	1	4	9	2
7	5	9	2	8	6	1	4	3
4	8	6	1	3	9	5	2	7
1	2	3	7	5	4	9	6	8
5	9	8	4	6	7	2	3	1
2	4	7	8	1	3	6	5	9
3	6	1	9	2	5	7	8	4

63

8	2	5	7	9	3	6	1	4
9	6	3	1	8	4	7	2	5
4	1	7	6	5	2	8	3	9
6	5	2	3	4	8	9	7	1
1	3	8	5	7	9	4	6	2
7	9	4	2	1	6	3	5	8
2	4	6	8	3	5	1	9	7
5	8	1	9	6	7	2	4	3
3	7	9	4	2	1	5	8	6

64

5	3	8	2	7	6	9	4	1
9	2	4	1	5	3	7	8	6
1	6	7	9	8	4	2	3	5
4	8	5	7	1	9	3	6	2
2	1	3	4	6	8	5	9	7
6	7	9	5	3	2	4	1	8
8	5	2	3	9	1	6	7	4
3	4	1	6	2	7	8	5	9
7	9	6	8	4	5	1	2	3

65

6	3	2	5	9	1	7	4	8
7	5	9	4	2	8	3	6	1
4	1	8	7	6	3	5	2	9
5	9	1	6	4	2	8	3	7
2	8	7	3	1	5	6	9	4
3	4	6	9	8	7	2	1	5
1	7	4	2	5	6	9	8	3
9	2	5	8	3	4	1	7	6
8	6	3	1	7	9	4	5	2

66

7	8	1	6	2	9	4	3	5
5	9	2	3	7	4	8	6	1
3	4	6	1	8	5	7	9	2
2	5	4	8	3	1	9	7	6
8	6	9	2	5	7	1	4	3
1	7	3	9	4	6	2	5	8
4	3	5	7	1	2	6	8	9
9	1	8	4	6	3	5	2	7
6	2	7	5	9	8	3	1	4

67

2	1	9	3	8	6	7	5	4
8	3	7	4	9	5	2	1	6
5	6	4	2	1	7	8	9	3
3	4	5	9	2	1	6	8	7
1	7	8	5	6	4	3	2	9
9	2	6	7	3	8	1	4	5
7	9	2	8	5	3	4	6	1
6	5	3	1	4	2	9	7	8
4	8	1	6	7	9	5	3	2

68

7	2	4	5	6	8	3	9	1
3	9	5	1	7	2	8	4	6
6	8	1	3	4	9	7	2	5
9	6	2	8	3	4	5	1	7
5	1	7	2	9	6	4	8	3
8	4	3	7	5	1	2	6	9
4	3	8	9	1	5	6	7	2
2	7	9	6	8	3	1	5	4
1	5	6	4	2	7	9	3	8

69

6	5	3	9	1	8	7	2	4
1	2	7	3	4	5	6	8	9
9	4	8	7	2	6	1	3	5
8	7	6	5	3	1	9	4	2
3	9	4	8	7	2	5	6	1
2	1	5	6	9	4	8	7	3
7	6	1	4	5	3	2	9	8
4	8	2	1	6	9	3	5	7
5	3	9	2	8	7	4	1	6

70

5	1	6	2	3	7	8	9	4
9	4	8	5	6	1	2	3	7
2	3	7	9	4	8	1	6	5
8	6	4	3	5	2	7	1	9
3	7	5	8	1	9	4	2	6
1	2	9	6	7	4	3	5	8
6	8	2	7	9	3	5	4	1
4	5	3	1	8	6	9	7	2
7	9	1	4	2	5	6	8	3

71

9	1	3	8	5	6	7	4	2
5	7	8	3	2	4	9	6	1
6	4	2	1	7	9	8	5	3
2	6	9	5	4	7	1	3	8
1	3	7	2	6	8	4	9	5
8	5	4	9	3	1	6	2	7
4	2	1	7	9	3	5	8	6
7	9	5	6	8	2	3	1	4
3	8	6	4	1	5	2	7	9

72

4	6	8	9	1	2	5	3	7
1	7	2	5	3	4	6	8	9
3	9	5	8	7	6	4	1	2
2	4	9	3	5	1	8	7	6
5	1	6	2	8	7	3	9	4
7	8	3	4	6	9	2	5	1
6	3	4	1	9	5	7	2	8
8	2	1	7	4	3	9	6	5
9	5	7	6	2	8	1	4	3

73

2	7	6	9	4	5	1	3	8
1	3	9	6	7	8	4	2	5
5	8	4	1	3	2	7	9	6
3	5	8	2	6	7	9	1	4
4	9	1	8	5	3	6	7	2
6	2	7	4	9	1	8	5	3
9	1	3	5	8	6	2	4	7
7	6	2	3	1	4	5	8	9
8	4	5	7	2	9	3	6	1

74

9	7	2	8	1	4	6	3	5
5	1	3	2	7	6	8	9	4
6	4	8	5	9	3	1	7	2
4	3	9	6	2	8	7	5	1
1	6	5	7	4	9	3	2	8
2	8	7	1	3	5	4	6	9
3	2	6	9	8	1	5	4	7
7	5	1	4	6	2	9	8	3
8	9	4	3	5	7	2	1	6

75

6	3	4	9	2	8	5	1	7
8	2	1	6	7	5	3	9	4
7	9	5	1	3	4	8	2	6
3	1	7	2	6	9	4	8	5
2	4	6	8	5	7	9	3	1
9	5	8	4	1	3	6	7	2
5	6	2	3	9	1	7	4	8
1	8	3	7	4	6	2	5	9
4	7	9	5	8	2	1	6	3

76

6	9	4	7	3	2	1	5	8
5	3	8	6	9	1	7	4	2
2	7	1	8	5	4	6	3	9
3	1	7	4	2	8	5	9	6
4	6	5	1	7	9	2	8	3
9	8	2	5	6	3	4	1	7
1	5	3	2	8	7	9	6	4
8	2	6	9	4	5	3	7	1
7	4	9	3	1	6	8	2	5

77

8	3	7	5	1	9	2	6	4
1	9	6	4	2	3	5	7	8
4	5	2	7	6	8	1	9	3
5	2	1	9	7	4	8	3	6
7	6	8	1	3	2	4	5	9
3	4	9	6	8	5	7	2	1
9	7	3	8	5	1	6	4	2
2	8	5	3	4	6	9	1	7
6	1	4	2	9	7	3	8	5

78

3	7	9	6	8	1	5	4	2
5	1	6	2	4	9	3	7	8
8	4	2	5	3	7	6	9	1
6	3	4	1	7	5	2	8	9
7	9	5	8	6	2	1	3	4
2	8	1	4	9	3	7	6	5
9	2	7	3	5	4	8	1	6
1	6	3	9	2	8	4	5	7
4	5	8	7	1	6	9	2	3

79

1	4	3	6	8	2	5	7	9
9	5	2	4	3	7	1	8	6
6	8	7	1	9	5	2	4	3
4	6	9	8	5	3	7	1	2
8	2	1	7	4	9	3	6	5
3	7	5	2	6	1	8	9	4
2	9	8	3	7	4	6	5	1
7	3	4	5	1	6	9	2	8
5	1	6	9	2	8	4	3	7

80

8	5	9	2	3	6	1	7	4
2	3	4	9	7	1	8	6	5
7	6	1	8	5	4	3	2	9
3	2	7	1	8	5	4	9	6
1	4	5	6	9	2	7	3	8
6	9	8	3	4	7	5	1	2
5	1	6	7	2	8	9	4	3
4	7	3	5	6	9	2	8	1
9	8	2	4	1	3	6	5	7

81

1	4	9	2	6	8	7	5	3
7	5	2	4	3	9	1	6	8
6	8	3	5	1	7	9	4	2
3	1	8	9	4	5	6	2	7
5	6	7	3	2	1	4	8	9
9	2	4	7	8	6	3	1	5
8	3	6	1	7	2	5	9	4
4	9	1	8	5	3	2	7	6
2	7	5	6	9	4	8	3	1

82

7	9	5	8	6	3	1	2	4
6	2	8	9	4	1	3	7	5
1	4	3	7	5	2	9	6	8
5	7	2	3	8	4	6	1	9
9	8	4	1	2	6	7	5	3
3	1	6	5	7	9	4	8	2
8	6	9	2	3	7	5	4	1
2	3	7	4	1	5	8	9	6
4	5	1	6	9	8	2	3	7

83

8	9	3	1	2	5	7	6	4
2	6	5	8	4	7	1	9	3
7	4	1	3	6	9	2	5	8
1	8	6	5	3	4	9	2	7
5	2	9	7	1	8	4	3	6
4	3	7	2	9	6	8	1	5
6	7	2	9	8	3	5	4	1
3	1	8	4	5	2	6	7	9
9	5	4	6	7	1	3	8	2

84

8	3	1	7	4	6	9	2	5
6	7	9	2	5	3	8	4	1
2	5	4	1	8	9	3	7	6
5	9	3	8	1	7	4	6	2
7	4	2	9	6	5	1	3	8
1	6	8	3	2	4	5	9	7
4	8	7	6	3	1	2	5	9
9	2	5	4	7	8	6	1	3
3	1	6	5	9	2	7	8	4

85

3	2	5	7	1	8	4	6	9
6	1	8	3	9	4	2	7	5
4	7	9	5	6	2	8	1	3
2	3	6	1	4	5	7	9	8
8	4	7	6	3	9	1	5	2
9	5	1	8	2	7	3	4	6
5	6	2	4	7	3	9	8	1
7	8	3	9	5	1	6	2	4
1	9	4	2	8	6	5	3	7

86

1	7	2	6	8	4	5	3	9
6	3	4	5	9	1	2	8	7
8	5	9	3	7	2	4	1	6
4	9	7	8	6	3	1	5	2
2	1	8	9	4	5	6	7	3
5	6	3	2	1	7	8	9	4
3	2	6	1	5	9	7	4	8
7	8	1	4	3	6	9	2	5
9	4	5	7	2	8	3	6	1

87

1	9	3	4	2	5	8	6	7
5	2	4	6	7	8	9	3	1
7	6	8	9	1	3	5	4	2
2	3	5	1	9	6	4	7	8
9	8	1	5	4	7	3	2	6
4	7	6	8	3	2	1	9	5
8	5	7	3	6	9	2	1	4
3	4	2	7	5	1	6	8	9
6	1	9	2	8	4	7	5	3

88

8	5	3	1	4	6	7	9	2
1	4	7	9	2	5	8	3	6
6	9	2	7	8	3	5	1	4
3	2	9	6	5	7	1	4	8
5	1	6	8	9	4	3	2	7
4	7	8	2	3	1	9	6	5
2	6	1	3	7	8	4	5	9
7	3	5	4	6	9	2	8	1
9	8	4	5	1	2	6	7	3

89

6	8	7	4	9	1	5	2	3
4	9	5	2	3	6	7	8	1
1	3	2	7	8	5	4	9	6
8	4	1	3	7	2	6	5	9
9	2	6	8	5	4	1	3	7
5	7	3	1	6	9	2	4	8
3	5	4	6	1	8	9	7	2
7	1	9	5	2	3	8	6	4
2	6	8	9	4	7	3	1	5

90

7	2	1	5	3	4	9	8	6
4	6	8	1	2	9	5	3	7
9	3	5	7	6	8	1	2	4
3	5	2	9	4	6	8	7	1
6	8	7	2	5	1	4	9	3
1	4	9	8	7	3	6	5	2
8	9	3	6	1	7	2	4	5
5	7	6	4	8	2	3	1	9
2	1	4	3	9	5	7	6	8

91

1	3	8	6	4	9	2	7	5
9	7	5	1	8	2	3	6	4
6	4	2	7	5	3	1	8	9
3	5	9	2	1	8	6	4	7
4	8	1	5	7	6	9	2	3
2	6	7	9	3	4	5	1	8
5	9	6	4	2	7	8	3	1
8	1	4	3	6	5	7	9	2
7	2	3	8	9	1	4	5	6

92

7	9	5	3	4	1	8	2	6
2	6	3	5	8	7	9	1	4
4	1	8	9	2	6	5	7	3
1	5	9	7	6	2	3	4	8
3	7	4	1	9	8	2	6	5
8	2	6	4	3	5	1	9	7
6	3	7	8	1	9	4	5	2
9	8	2	6	5	4	7	3	1
5	4	1	2	7	3	6	8	9

93

7	1	2	9	6	3	8	4	5
8	3	6	7	4	5	2	1	9
9	4	5	1	8	2	3	7	6
4	2	8	6	1	7	5	9	3
6	5	9	4	3	8	1	2	7
3	7	1	2	5	9	4	6	8
2	6	3	5	9	4	7	8	1
1	8	7	3	2	6	9	5	4
5	9	4	8	7	1	6	3	2

94

2	4	8	7	9	5	3	1	6
3	5	6	2	8	1	9	4	7
7	9	1	3	6	4	5	2	8
5	6	3	4	1	7	2	8	9
9	8	7	6	3	2	4	5	1
1	2	4	8	5	9	6	7	3
8	1	5	9	4	3	7	6	2
4	3	2	1	7	6	8	9	5
6	7	9	5	2	8	1	3	4

95

4	5	2	8	9	3	1	7	6
6	1	9	4	5	7	8	3	2
7	3	8	1	2	6	4	5	9
5	9	3	2	4	8	6	1	7
8	7	1	9	6	5	2	4	3
2	6	4	3	7	1	9	8	5
3	8	6	7	1	2	5	9	4
1	4	5	6	3	9	7	2	8
9	2	7	5	8	4	3	6	1

96

6	3	8	2	1	9	5	7	4
1	4	2	7	8	5	9	6	3
5	9	7	3	6	4	1	8	2
3	5	1	6	9	7	2	4	8
2	8	9	4	5	3	6	1	7
7	6	4	8	2	1	3	5	9
8	1	3	9	4	6	7	2	5
4	7	6	5	3	2	8	9	1
9	2	5	1	7	8	4	3	6

97

3	9	5	2	4	8	7	6	1
4	7	2	3	1	6	8	9	5
8	1	6	7	9	5	4	2	3
1	6	7	5	3	4	2	8	9
9	2	4	8	6	1	3	5	7
5	3	8	9	7	2	6	1	4
7	8	9	6	5	3	1	4	2
2	5	1	4	8	7	9	3	6
6	4	3	1	2	9	5	7	8

98

7	6	2	1	9	8	4	3	5
5	3	9	6	4	7	2	8	1
1	4	8	3	5	2	9	6	7
9	1	7	8	3	4	5	2	6
2	8	3	7	6	5	1	4	9
6	5	4	2	1	9	8	7	3
8	7	6	5	2	1	3	9	4
3	9	1	4	8	6	7	5	2
4	2	5	9	7	3	6	1	8

99

7	2	9	8	5	6	4	1	3
1	5	4	7	3	2	6	9	8
3	8	6	9	4	1	5	7	2
6	1	2	3	7	5	9	8	4
4	7	3	6	9	8	1	2	5
8	9	5	2	1	4	7	3	6
2	4	8	1	6	7	3	5	9
9	6	1	5	2	3	8	4	7
5	3	7	4	8	9	2	6	1

100

6	3	5	9	8	4	7	1	2
2	9	7	6	5	1	4	8	3
8	4	1	3	2	7	5	6	9
1	7	9	4	6	2	3	5	8
4	2	3	8	7	5	1	9	6
5	6	8	1	3	9	2	7	4
7	5	4	2	9	6	8	3	1
9	8	2	5	1	3	6	4	7
3	1	6	7	4	8	9	2	5

101

4	9	8	1	2	6	3	5	7
2	6	1	5	7	3	8	9	4
5	3	7	9	8	4	1	2	6
8	1	4	2	9	7	6	3	5
3	5	9	6	1	8	7	4	2
7	2	6	3	4	5	9	8	1
6	7	5	8	3	2	4	1	9
1	4	3	7	5	9	2	6	8
9	8	2	4	6	1	5	7	3

102

8	2	5	7	1	3	6	9	4
7	9	4	5	6	2	1	8	3
1	6	3	4	9	8	5	7	2
2	4	1	6	3	9	8	5	7
6	7	9	2	8	5	4	3	1
3	5	8	1	7	4	9	2	6
5	3	6	8	4	7	2	1	9
9	1	2	3	5	6	7	4	8
4	8	7	9	2	1	3	6	5

103

3	9	6	4	7	5	1	2	8
8	5	2	6	9	1	7	4	3
1	7	4	8	2	3	9	6	5
9	8	1	5	3	6	2	7	4
5	2	7	9	8	4	6	3	1
4	6	3	7	1	2	8	5	9
6	3	8	2	4	9	5	1	7
7	1	5	3	6	8	4	9	2
2	4	9	1	5	7	3	8	6

104

1	9	8	2	3	4	7	5	6
2	3	4	6	5	7	9	8	1
7	6	5	9	8	1	3	4	2
6	5	9	7	4	2	1	3	8
3	7	1	8	9	5	2	6	4
8	4	2	3	1	6	5	7	9
5	2	6	1	7	8	4	9	3
9	8	7	4	2	3	6	1	5
4	1	3	5	6	9	8	2	7

105

4	3	5	6	7	8	1	9	2
9	7	1	5	2	3	6	8	4
8	6	2	9	4	1	5	7	3
5	1	6	8	3	7	2	4	9
2	9	3	1	5	4	8	6	7
7	4	8	2	9	6	3	1	5
6	5	4	3	8	9	7	2	1
3	8	7	4	1	2	9	5	6
1	2	9	7	6	5	4	3	8

106

3	5	7	8	4	9	2	6	1
8	2	6	7	5	1	4	3	9
1	9	4	3	2	6	5	8	7
5	4	8	1	6	7	9	2	3
7	6	2	9	3	4	8	1	5
9	3	1	5	8	2	6	7	4
6	7	3	2	9	5	1	4	8
4	8	9	6	1	3	7	5	2
2	1	5	4	7	8	3	9	6

107

2	1	4	8	9	5	3	7	6
5	6	7	3	4	2	8	1	9
8	3	9	6	1	7	2	5	4
3	8	6	5	7	1	4	9	2
1	4	2	9	3	6	7	8	5
7	9	5	4	2	8	1	6	3
9	2	8	1	5	4	6	3	7
6	7	3	2	8	9	5	4	1
4	5	1	7	6	3	9	2	8

108

2	8	6	3	9	7	5	1	4
4	1	7	6	2	5	9	8	3
3	5	9	4	1	8	7	2	6
7	3	8	5	4	2	1	6	9
1	6	4	7	8	9	2	3	5
9	2	5	1	6	3	8	4	7
8	7	2	9	3	4	6	5	1
6	9	3	2	5	1	4	7	8
5	4	1	8	7	6	3	9	2

109

7	4	9	3	6	2	1	5	8
1	5	8	7	4	9	3	6	2
2	6	3	5	1	8	9	4	7
6	3	1	8	7	4	5	2	9
4	9	5	1	2	3	7	8	6
8	2	7	9	5	6	4	1	3
9	1	6	4	8	7	2	3	5
5	7	2	6	3	1	8	9	4
3	8	4	2	9	5	6	7	1

110

8	9	5	4	3	6	2	1	7
4	3	6	7	1	2	5	9	8
7	1	2	5	8	9	6	3	4
9	7	4	6	2	3	8	5	1
6	5	8	1	9	4	7	2	3
3	2	1	8	5	7	9	4	6
5	4	3	2	6	8	1	7	9
1	8	9	3	7	5	4	6	2
2	6	7	9	4	1	3	8	5

111

9	3	1	2	7	6	4	8	5
5	6	2	1	4	8	3	9	7
7	8	4	3	5	9	6	2	1
3	7	9	4	2	1	5	6	8
8	4	5	6	9	7	1	3	2
2	1	6	5	8	3	7	4	9
4	9	3	8	1	5	2	7	6
6	5	7	9	3	2	8	1	4
1	2	8	7	6	4	9	5	3

112

4	3	8	1	2	5	7	6	9
7	6	1	9	8	3	2	4	5
5	9	2	4	7	6	3	1	8
3	2	6	5	4	9	8	7	1
8	1	7	6	3	2	5	9	4
9	5	4	7	1	8	6	3	2
2	7	9	8	6	1	4	5	3
6	8	5	3	9	4	1	2	7
1	4	3	2	5	7	9	8	6

113

9	5	4	1	7	3	8	6	2
1	2	8	5	6	9	7	4	3
3	6	7	4	8	2	1	9	5
5	7	1	9	4	8	2	3	6
2	3	9	6	5	7	4	8	1
8	4	6	3	2	1	9	5	7
6	9	2	8	1	5	3	7	4
4	1	3	7	9	6	5	2	8
7	8	5	2	3	4	6	1	9

114

1	5	2	4	9	8	7	3	6
3	7	9	1	6	2	4	8	5
4	8	6	3	5	7	9	1	2
6	9	7	5	4	3	1	2	8
8	1	3	7	2	9	5	6	4
5	2	4	6	8	1	3	9	7
7	6	1	2	3	4	8	5	9
2	4	8	9	1	5	6	7	3
9	3	5	8	7	6	2	4	1

115

9	8	4	2	6	5	7	3	1
1	7	6	3	8	4	5	2	9
5	3	2	1	9	7	4	8	6
2	6	3	5	7	1	8	9	4
4	5	8	9	3	6	2	1	7
7	9	1	8	4	2	3	6	5
3	4	9	6	5	8	1	7	2
8	1	5	7	2	9	6	4	3
6	2	7	4	1	3	9	5	8

116

9	2	8	6	4	7	5	1	3
5	4	6	3	1	9	7	8	2
1	7	3	5	2	8	4	6	9
7	3	5	9	8	2	1	4	6
8	1	2	4	6	5	3	9	7
4	6	9	7	3	1	8	2	5
3	9	1	8	7	6	2	5	4
6	8	7	2	5	4	9	3	1
2	5	4	1	9	3	6	7	8

117

8	6	1	9	5	4	7	3	2
4	3	5	7	8	2	6	1	9
2	7	9	6	3	1	5	4	8
6	9	2	3	1	7	8	5	4
5	1	4	8	2	6	3	9	7
7	8	3	5	4	9	1	2	6
9	4	8	1	6	3	2	7	5
1	5	7	2	9	8	4	6	3
3	2	6	4	7	5	9	8	1

118

5	6	9	8	2	4	1	7	3
2	1	8	3	6	7	5	4	9
7	4	3	1	9	5	8	6	2
1	2	7	5	4	6	9	3	8
8	5	6	9	7	3	2	1	4
9	3	4	2	1	8	6	5	7
4	9	1	7	5	2	3	8	6
6	8	2	4	3	1	7	9	5
3	7	5	6	8	9	4	2	1

119

1	3	6	4	7	5	2	9	8
7	2	8	1	3	9	5	6	4
4	5	9	6	2	8	1	7	3
6	7	3	9	1	4	8	2	5
8	9	2	3	5	6	7	4	1
5	4	1	2	8	7	9	3	6
2	1	7	5	6	3	4	8	9
9	6	5	8	4	2	3	1	7
3	8	4	7	9	1	6	5	2

120

8	3	7	6	4	1	9	2	5
4	6	2	8	5	9	3	1	7
1	9	5	2	7	3	8	6	4
9	2	4	1	6	8	5	7	3
6	5	3	7	9	4	1	8	2
7	8	1	5	3	2	4	9	6
5	1	8	4	2	7	6	3	9
2	4	9	3	1	6	7	5	8
3	7	6	9	8	5	2	4	1

121

6	8	5	2	3	4	1	9	7
9	7	2	5	1	8	4	6	3
3	4	1	7	9	6	2	8	5
2	3	7	1	4	9	8	5	6
1	6	9	8	7	5	3	4	2
4	5	8	6	2	3	9	7	1
7	9	4	3	5	1	6	2	8
8	2	3	9	6	7	5	1	4
5	1	6	4	8	2	7	3	9

122

3	2	1	9	6	4	5	7	8
6	4	5	1	8	7	3	2	9
7	8	9	2	5	3	1	6	4
2	9	4	3	7	5	6	8	1
8	1	3	6	4	9	2	5	7
5	6	7	8	2	1	4	9	3
1	3	6	5	9	8	7	4	2
4	5	8	7	1	2	9	3	6
9	7	2	4	3	6	8	1	5

123

7	6	8	9	5	3	1	4	2
3	4	1	2	7	6	9	5	8
5	2	9	8	4	1	3	6	7
8	1	4	7	3	2	6	9	5
2	3	6	4	9	5	7	8	1
9	7	5	6	1	8	4	2	3
4	9	3	5	8	7	2	1	6
1	5	2	3	6	4	8	7	9
6	8	7	1	2	9	5	3	4

124

7	4	5	1	3	8	6	2	9
8	3	9	6	2	5	4	1	7
2	1	6	9	7	4	3	5	8
6	9	7	4	5	1	8	3	2
1	5	3	8	9	2	7	6	4
4	2	8	7	6	3	5	9	1
9	6	4	5	1	7	2	8	3
5	8	2	3	4	9	1	7	6
3	7	1	2	8	6	9	4	5

125

8	3	2	9	7	5	6	1	4
4	5	1	3	2	6	7	8	9
6	9	7	4	8	1	5	3	2
9	4	6	7	5	8	1	2	3
7	1	3	6	4	2	8	9	5
2	8	5	1	3	9	4	6	7
1	7	4	8	9	3	2	5	6
3	2	8	5	6	7	9	4	1
5	6	9	2	1	4	3	7	8

126

2	3	9	4	6	8	1	5	7
4	6	1	3	5	7	8	9	2
5	8	7	9	1	2	3	6	4
6	7	4	5	3	1	2	8	9
3	9	8	2	4	6	7	1	5
1	5	2	7	8	9	6	4	3
7	2	6	8	9	5	4	3	1
8	4	5	1	2	3	9	7	6
9	1	3	6	7	4	5	2	8

127

7	1	5	6	3	9	2	4	8
8	3	2	4	5	1	7	9	6
4	6	9	2	8	7	1	5	3
3	4	1	8	7	5	6	2	9
5	2	7	9	1	6	3	8	4
6	9	8	3	4	2	5	1	7
1	5	3	7	9	4	8	6	2
2	7	4	5	6	8	9	3	1
9	8	6	1	2	3	4	7	5

128

3	1	9	4	2	7	5	8	6
8	6	7	1	5	9	3	4	2
4	5	2	6	8	3	9	7	1
5	2	8	9	6	4	7	1	3
1	9	3	5	7	8	6	2	4
6	7	4	3	1	2	8	5	9
7	4	6	2	9	5	1	3	8
9	3	5	8	4	1	2	6	7
2	8	1	7	3	6	4	9	5

129

6	5	9	3	4	7	1	8	2
1	4	2	9	5	8	3	7	6
7	3	8	2	6	1	5	4	9
3	2	5	7	9	4	6	1	8
4	9	1	8	2	6	7	3	5
8	7	6	1	3	5	9	2	4
5	6	7	4	8	3	2	9	1
9	8	3	5	1	2	4	6	7
2	1	4	6	7	9	8	5	3

130

2	7	4	6	5	3	9	1	8
3	6	1	9	7	8	2	4	5
9	8	5	1	2	4	7	6	3
1	2	7	5	3	9	6	8	4
8	9	3	4	1	6	5	7	2
4	5	6	7	8	2	1	3	9
6	1	8	2	4	5	3	9	7
5	3	9	8	6	7	4	2	1
7	4	2	3	9	1	8	5	6

131

7	3	6	1	9	8	2	5	4
2	1	9	5	4	6	8	3	7
5	8	4	7	3	2	6	9	1
4	5	2	3	6	1	9	7	8
6	7	3	9	8	4	1	2	5
1	9	8	2	7	5	3	4	6
9	4	1	6	5	3	7	8	2
8	6	7	4	2	9	5	1	3
3	2	5	8	1	7	4	6	9

132

4	7	2	6	9	8	5	1	3
9	5	6	3	4	1	8	7	2
3	1	8	5	7	2	9	4	6
7	4	5	8	6	3	1	2	9
6	3	1	4	2	9	7	5	8
2	8	9	1	5	7	3	6	4
1	6	7	9	8	4	2	3	5
8	2	4	7	3	5	6	9	1
5	9	3	2	1	6	4	8	7

133

8	5	3	6	2	7	1	4	9
9	2	4	8	5	1	3	6	7
6	7	1	3	9	4	8	2	5
4	6	7	9	1	5	2	3	8
3	9	2	4	6	8	5	7	1
1	8	5	7	3	2	6	9	4
2	4	9	1	8	6	7	5	3
7	1	6	5	4	3	9	8	2
5	3	8	2	7	9	4	1	6

134

6	4	9	5	7	8	1	2	3
8	1	7	4	3	2	6	9	5
3	2	5	9	1	6	7	8	4
4	5	8	6	9	7	3	1	2
1	9	2	3	5	4	8	7	6
7	6	3	8	2	1	5	4	9
5	7	6	2	8	9	4	3	1
9	3	1	7	4	5	2	6	8
2	8	4	1	6	3	9	5	7

135

3	4	5	8	7	1	6	2	9
8	6	1	2	4	9	7	3	5
2	7	9	3	6	5	1	8	4
6	5	2	1	9	4	8	7	3
7	9	8	6	3	2	4	5	1
4	1	3	5	8	7	2	9	6
1	3	6	9	2	8	5	4	7
9	8	7	4	5	6	3	1	2
5	2	4	7	1	3	9	6	8

136

2	6	4	1	7	5	9	8	3
5	1	9	3	8	6	7	4	2
8	7	3	9	4	2	1	6	5
6	5	1	7	3	8	4	2	9
7	4	8	2	5	9	3	1	6
9	3	2	4	6	1	5	7	8
4	2	7	6	9	3	8	5	1
3	8	6	5	1	4	2	9	7
1	9	5	8	2	7	6	3	4

137

9	8	5	4	7	1	3	2	6
4	3	1	2	6	9	8	5	7
2	6	7	8	5	3	1	9	4
3	1	9	6	8	4	2	7	5
8	7	2	9	1	5	4	6	3
5	4	6	3	2	7	9	1	8
1	2	8	5	3	6	7	4	9
6	9	3	7	4	2	5	8	1
7	5	4	1	9	8	6	3	2

138

9	6	8	7	4	5	3	2	1
1	5	4	3	9	2	8	7	6
3	2	7	1	8	6	9	4	5
7	3	9	8	1	4	6	5	2
2	1	5	6	3	9	7	8	4
4	8	6	2	5	7	1	9	3
6	9	1	4	2	8	5	3	7
8	4	3	5	7	1	2	6	9
5	7	2	9	6	3	4	1	8

139

9	5	2	3	4	7	8	1	6
6	7	4	2	1	8	9	5	3
1	8	3	9	6	5	2	4	7
7	2	8	4	9	1	3	6	5
4	6	9	5	7	3	1	2	8
3	1	5	8	2	6	4	7	9
8	3	6	1	5	2	7	9	4
5	4	1	7	3	9	6	8	2
2	9	7	6	8	4	5	3	1

140

9	4	8	1	3	7	5	6	2
2	7	6	9	5	8	4	1	3
1	5	3	4	6	2	8	9	7
8	9	1	7	4	3	6	2	5
5	3	7	6	2	1	9	8	4
4	6	2	5	8	9	7	3	1
7	8	4	2	1	6	3	5	9
3	2	5	8	9	4	1	7	6
6	1	9	3	7	5	2	4	8

141

9	1	8	4	6	5	2	3	7
7	3	6	8	2	1	9	5	4
5	2	4	3	9	7	6	1	8
8	7	2	1	5	9	3	4	6
3	4	5	7	8	6	1	2	9
1	6	9	2	4	3	8	7	5
2	5	1	9	7	8	4	6	3
6	9	3	5	1	4	7	8	2
4	8	7	6	3	2	5	9	1

142

9	6	3	4	7	8	1	2	5
5	1	7	9	3	2	6	8	4
2	8	4	1	6	5	9	7	3
6	4	5	3	2	7	8	1	9
3	7	8	5	9	1	2	4	6
1	2	9	6	8	4	5	3	7
8	3	6	7	1	9	4	5	2
7	5	2	8	4	6	3	9	1
4	9	1	2	5	3	7	6	8

143

2	7	8	9	5	4	1	6	3
3	1	5	7	6	2	8	9	4
4	9	6	3	1	8	7	5	2
7	8	9	1	2	6	3	4	5
5	6	3	4	8	7	2	1	9
1	4	2	5	9	3	6	8	7
9	2	4	6	7	1	5	3	8
8	3	1	2	4	5	9	7	6
6	5	7	8	3	9	4	2	1

144

5	8	6	1	7	9	4	2	3
4	1	2	6	3	5	8	7	9
3	7	9	4	8	2	6	5	1
8	3	4	2	5	7	1	9	6
2	6	7	9	1	3	5	4	8
1	9	5	8	4	6	2	3	7
9	2	8	3	6	4	7	1	5
7	4	1	5	9	8	3	6	2
6	5	3	7	2	1	9	8	4

145

1	5	7	2	8	4	9	3	6
3	9	2	7	6	1	4	5	8
8	4	6	3	5	9	7	2	1
2	1	5	9	3	6	8	4	7
4	6	3	8	1	7	5	9	2
7	8	9	4	2	5	1	6	3
9	2	1	5	7	3	6	8	4
6	3	4	1	9	8	2	7	5
5	7	8	6	4	2	3	1	9

146

5	8	6	3	7	2	4	9	1
7	1	4	9	8	6	5	2	3
2	9	3	5	1	4	8	7	6
3	7	5	6	4	9	1	8	2
4	6	1	8	2	7	3	5	9
9	2	8	1	5	3	7	6	4
1	5	2	4	9	8	6	3	7
6	4	9	7	3	5	2	1	8
8	3	7	2	6	1	9	4	5

147

8	4	3	5	2	7	9	6	1
7	9	1	6	8	3	4	5	2
2	6	5	9	4	1	8	3	7
3	1	4	2	7	9	5	8	6
9	2	6	4	5	8	1	7	3
5	8	7	1	3	6	2	4	9
6	5	8	3	9	2	7	1	4
1	7	2	8	6	4	3	9	5
4	3	9	7	1	5	6	2	8

148

2	7	5	1	4	9	3	6	8
3	9	4	6	8	7	2	1	5
8	1	6	3	2	5	9	7	4
6	8	7	9	5	4	1	3	2
9	3	1	2	6	8	4	5	7
4	5	2	7	1	3	6	8	9
7	4	3	5	9	6	8	2	1
1	6	9	8	7	2	5	4	3
5	2	8	4	3	1	7	9	6

149

4	6	2	5	1	8	3	7	9
5	9	8	7	3	2	6	1	4
7	1	3	9	6	4	2	8	5
6	2	9	1	4	3	7	5	8
1	3	5	2	8	7	9	4	6
8	7	4	6	5	9	1	2	3
3	8	6	4	2	1	5	9	7
2	4	7	3	9	5	8	6	1
9	5	1	8	7	6	4	3	2

150

5	1	7	2	8	6	4	3	9
6	3	4	7	1	9	5	2	8
8	2	9	4	3	5	1	7	6
1	7	3	9	5	8	6	4	2
4	6	5	3	7	2	8	9	1
2	9	8	1	6	4	3	5	7
7	4	1	6	9	3	2	8	5
3	5	6	8	2	7	9	1	4
9	8	2	5	4	1	7	6	3

151

5	6	3	4	2	7	1	9	8
8	4	2	6	1	9	3	5	7
9	7	1	5	8	3	4	2	6
2	9	4	8	7	1	5	6	3
1	3	6	2	9	5	7	8	4
7	5	8	3	6	4	9	1	2
3	8	9	7	5	2	6	4	1
6	1	7	9	4	8	2	3	5
4	2	5	1	3	6	8	7	9

152

5	2	4	9	8	6	3	7	1
8	9	1	2	3	7	6	5	4
7	6	3	1	4	5	8	9	2
9	4	8	5	6	1	2	3	7
6	1	2	3	7	8	9	4	5
3	5	7	4	2	9	1	6	8
2	8	9	7	5	3	4	1	6
1	7	6	8	9	4	5	2	3
4	3	5	6	1	2	7	8	9

153

5	1	3	2	9	4	6	8	7
2	4	7	8	6	1	9	5	3
6	9	8	5	3	7	4	2	1
4	6	9	3	1	8	2	7	5
1	8	5	6	7	2	3	4	9
3	7	2	4	5	9	8	1	6
8	3	6	1	4	5	7	9	2
9	2	1	7	8	3	5	6	4
7	5	4	9	2	6	1	3	8

154

4	3	7	8	5	9	1	2	6
2	6	5	7	3	1	9	4	8
1	9	8	4	2	6	3	7	5
9	8	2	3	6	4	5	1	7
3	4	6	5	1	7	8	9	2
5	7	1	2	9	8	6	3	4
8	5	3	1	4	2	7	6	9
7	2	9	6	8	3	4	5	1
6	1	4	9	7	5	2	8	3

155

7	6	3	4	8	9	1	5	2
1	9	5	6	2	3	4	8	7
2	8	4	1	7	5	6	9	3
6	3	1	2	9	4	5	7	8
9	5	2	8	6	7	3	4	1
4	7	8	5	3	1	2	6	9
3	1	6	9	5	8	7	2	4
8	2	7	3	4	6	9	1	5
5	4	9	7	1	2	8	3	6

156

6	5	3	2	8	1	7	9	4
9	1	7	4	6	3	8	2	5
2	8	4	5	7	9	3	6	1
7	6	5	1	9	4	2	3	8
4	9	8	3	2	7	5	1	6
1	3	2	8	5	6	4	7	9
5	2	1	6	3	8	9	4	7
8	7	6	9	4	2	1	5	3
3	4	9	7	1	5	6	8	2

157

8	7	3	2	4	6	1	5	9
4	1	5	8	3	9	7	6	2
6	9	2	5	1	7	8	3	4
7	4	8	3	2	5	6	9	1
9	2	1	6	7	4	5	8	3
5	3	6	1	9	8	4	2	7
3	6	7	4	8	2	9	1	5
1	5	4	9	6	3	2	7	8
2	8	9	7	5	1	3	4	6

158

1	4	3	7	8	5	2	6	9
2	7	8	9	6	4	5	1	3
6	9	5	3	2	1	4	7	8
7	5	1	4	9	6	8	3	2
8	2	9	1	3	7	6	5	4
4	3	6	8	5	2	7	9	1
5	8	2	6	1	3	9	4	7
9	1	7	5	4	8	3	2	6
3	6	4	2	7	9	1	8	5

159

2	7	6	3	9	4	1	5	8
5	9	1	8	7	6	3	2	4
4	8	3	1	5	2	7	9	6
7	5	4	2	1	3	8	6	9
6	1	8	9	4	7	2	3	5
3	2	9	5	6	8	4	1	7
1	6	7	4	2	9	5	8	3
9	3	2	7	8	5	6	4	1
8	4	5	6	3	1	9	7	2

160

3	4	1	2	8	6	9	7	5
2	5	6	4	7	9	1	3	8
9	7	8	5	1	3	6	4	2
1	2	3	8	6	4	5	9	7
4	6	5	9	2	7	8	1	3
7	8	9	1	3	5	4	2	6
8	3	4	7	5	1	2	6	9
6	9	2	3	4	8	7	5	1
5	1	7	6	9	2	3	8	4

161

6	1	4	5	7	2	3	8	9
9	7	3	6	1	8	5	4	2
5	2	8	3	9	4	7	6	1
8	9	7	2	5	3	6	1	4
4	5	1	8	6	9	2	7	3
2	3	6	1	4	7	8	9	5
3	8	9	4	2	6	1	5	7
7	6	5	9	3	1	4	2	8
1	4	2	7	8	5	9	3	6

162

6	2	1	8	4	5	3	7	9
8	5	7	3	6	9	2	1	4
4	9	3	1	7	2	5	6	8
7	3	2	4	5	8	1	9	6
1	4	6	2	9	7	8	3	5
5	8	9	6	1	3	7	4	2
2	1	4	7	8	6	9	5	3
9	7	8	5	3	4	6	2	1
3	6	5	9	2	1	4	8	7

163

3	5	1	7	8	9	4	6	2
2	9	7	6	4	5	8	1	3
6	8	4	1	2	3	7	5	9
4	6	8	2	3	7	1	9	5
9	7	5	4	1	6	3	2	8
1	3	2	5	9	8	6	4	7
5	2	6	8	7	1	9	3	4
7	1	9	3	5	4	2	8	6
8	4	3	9	6	2	5	7	1

164

3	1	5	7	9	2	4	8	6
8	9	2	6	4	5	7	3	1
7	4	6	1	3	8	2	9	5
6	2	4	8	7	9	1	5	3
9	7	3	2	5	1	8	6	4
1	5	8	3	6	4	9	7	2
2	3	1	9	8	6	5	4	7
4	8	7	5	2	3	6	1	9
5	6	9	4	1	7	3	2	8

165

2	3	9	6	8	5	7	1	4
7	5	6	4	2	1	8	3	9
1	4	8	7	3	9	2	6	5
4	6	2	1	5	3	9	7	8
3	7	5	8	9	4	6	2	1
9	8	1	2	7	6	4	5	3
6	2	4	3	1	8	5	9	7
5	1	7	9	4	2	3	8	6
8	9	3	5	6	7	1	4	2

166

5	8	1	9	2	4	6	7	3
3	2	6	1	7	8	4	5	9
9	4	7	5	6	3	2	1	8
6	5	2	8	4	9	1	3	7
1	9	4	2	3	7	5	8	6
8	7	3	6	1	5	9	4	2
2	1	8	7	5	6	3	9	4
7	3	5	4	9	2	8	6	1
4	6	9	3	8	1	7	2	5

167

5	9	1	7	4	8	6	2	3
8	4	2	5	6	3	7	1	9
7	3	6	9	2	1	8	5	4
3	2	7	6	1	4	9	8	5
1	5	8	2	9	7	4	3	6
4	6	9	8	3	5	1	7	2
6	8	3	1	5	9	2	4	7
2	7	5	4	8	6	3	9	1
9	1	4	3	7	2	5	6	8

168

9	5	4	2	8	1	3	6	7
8	1	6	5	7	3	9	4	2
7	2	3	4	9	6	8	1	5
5	4	7	6	1	9	2	8	3
3	6	2	8	4	7	1	5	9
1	8	9	3	5	2	4	7	6
2	7	8	1	3	5	6	9	4
4	3	5	9	6	8	7	2	1
6	9	1	7	2	4	5	3	8

169

1	5	4	8	2	6	7	9	3
6	9	8	7	3	1	2	5	4
3	7	2	4	9	5	6	8	1
8	4	9	1	5	7	3	6	2
5	3	6	9	4	2	8	1	7
7	2	1	6	8	3	9	4	5
4	1	7	3	6	9	5	2	8
2	6	3	5	1	8	4	7	9
9	8	5	2	7	4	1	3	6

170

3	6	1	7	9	2	5	4	8
4	5	9	8	3	1	2	6	7
2	8	7	5	6	4	3	1	9
1	9	8	6	2	3	7	5	4
7	3	6	4	1	5	9	8	2
5	4	2	9	8	7	6	3	1
6	1	4	3	7	9	8	2	5
9	2	3	1	5	8	4	7	6
8	7	5	2	4	6	1	9	3

171

8	7	1	4	6	3	5	9	2
2	3	4	5	9	1	7	8	6
9	6	5	2	7	8	3	1	4
6	2	7	3	5	9	8	4	1
1	4	3	8	2	7	9	6	5
5	8	9	6	1	4	2	3	7
3	5	8	1	4	2	6	7	9
4	9	6	7	8	5	1	2	3
7	1	2	9	3	6	4	5	8

172

9	4	7	1	6	3	5	2	8
6	8	1	5	2	9	7	4	3
2	3	5	7	4	8	6	1	9
8	5	4	3	1	7	2	9	6
7	1	2	4	9	6	8	3	5
3	6	9	8	5	2	1	7	4
5	7	8	2	3	4	9	6	1
1	9	3	6	7	5	4	8	2
4	2	6	9	8	1	3	5	7

173

2	8	1	4	3	9	5	7	6
6	3	7	5	8	1	2	9	4
5	4	9	7	2	6	3	1	8
7	9	3	1	4	5	6	8	2
4	2	8	6	7	3	9	5	1
1	5	6	8	9	2	4	3	7
3	1	5	2	6	8	7	4	9
9	6	4	3	1	7	8	2	5
8	7	2	9	5	4	1	6	3

174

9	3	8	1	5	2	7	4	6
2	7	5	6	4	8	9	1	3
6	1	4	7	9	3	2	5	8
8	6	2	3	7	4	5	9	1
3	5	9	8	2	1	4	6	7
1	4	7	5	6	9	3	8	2
5	9	3	2	1	6	8	7	4
4	8	6	9	3	7	1	2	5
7	2	1	4	8	5	6	3	9

175

9	4	2	1	6	8	7	5	3
3	5	8	7	2	4	1	6	9
1	6	7	5	3	9	4	8	2
4	2	3	6	8	7	9	1	5
6	9	5	2	1	3	8	7	4
7	8	1	4	9	5	3	2	6
8	1	4	9	5	6	2	3	7
2	7	6	3	4	1	5	9	8
5	3	9	8	7	2	6	4	1

176

1	9	7	5	8	6	4	2	3
3	5	6	9	4	2	7	1	8
4	8	2	7	3	1	5	9	6
9	7	1	8	6	4	2	3	5
2	3	4	1	7	5	8	6	9
5	6	8	2	9	3	1	7	4
8	1	3	4	2	9	6	5	7
7	2	9	6	5	8	3	4	1
6	4	5	3	1	7	9	8	2

177

6	9	1	2	5	4	7	3	8
5	7	8	3	9	1	2	6	4
2	4	3	8	6	7	9	1	5
8	5	9	4	7	3	1	2	6
4	1	7	6	8	2	5	9	3
3	6	2	9	1	5	4	8	7
1	8	5	7	2	6	3	4	9
9	2	4	5	3	8	6	7	1
7	3	6	1	4	9	8	5	2

178

2	4	6	9	7	8	3	5	1
7	5	1	2	3	6	9	8	4
9	8	3	4	5	1	2	7	6
8	6	9	3	1	4	7	2	5
1	3	7	5	9	2	6	4	8
5	2	4	6	8	7	1	9	3
3	9	8	1	2	5	4	6	7
4	1	5	7	6	9	8	3	2
6	7	2	8	4	3	5	1	9

179

4	3	5	9	8	7	6	1	2
1	7	6	3	2	5	9	8	4
9	8	2	1	6	4	3	5	7
7	1	4	6	3	9	8	2	5
5	9	8	4	1	2	7	3	6
6	2	3	7	5	8	1	4	9
3	4	7	5	9	1	2	6	8
8	5	1	2	7	6	4	9	3
2	6	9	8	4	3	5	7	1

180

3	4	8	5	1	2	7	6	9
1	7	9	6	4	8	5	3	2
6	5	2	7	9	3	8	4	1
2	6	4	1	8	9	3	7	5
7	3	5	4	2	6	1	9	8
8	9	1	3	7	5	4	2	6
9	2	7	8	3	1	6	5	4
5	8	3	2	6	4	9	1	7
4	1	6	9	5	7	2	8	3

181

3	7	6	2	1	4	9	8	5
2	9	5	8	7	3	4	1	6
8	4	1	6	5	9	2	7	3
6	1	8	9	3	7	5	4	2
4	5	9	1	6	2	7	3	8
7	2	3	5	4	8	1	6	9
5	3	4	7	9	6	8	2	1
1	6	2	4	8	5	3	9	7
9	8	7	3	2	1	6	5	4

182

8	6	7	2	1	3	9	4	5
2	4	9	6	5	8	7	1	3
3	5	1	4	9	7	2	8	6
9	8	6	7	2	5	4	3	1
1	7	2	3	6	4	5	9	8
4	3	5	1	8	9	6	7	2
7	2	8	5	4	1	3	6	9
5	9	4	8	3	6	1	2	7
6	1	3	9	7	2	8	5	4

183

2	4	7	1	5	3	6	9	8
3	1	9	6	4	8	2	5	7
8	6	5	7	2	9	1	3	4
6	3	8	2	1	4	5	7	9
4	5	1	9	6	7	3	8	2
9	7	2	3	8	5	4	6	1
1	2	3	8	9	6	7	4	5
5	8	6	4	7	1	9	2	3
7	9	4	5	3	2	8	1	6

184

5	2	8	7	9	3	6	1	4
7	1	3	6	4	8	9	5	2
4	9	6	5	2	1	3	8	7
8	6	9	2	1	5	4	7	3
3	5	2	8	7	4	1	6	9
1	7	4	3	6	9	8	2	5
2	8	7	9	3	6	5	4	1
9	4	5	1	8	7	2	3	6
6	3	1	4	5	2	7	9	8

185

4	8	6	7	2	5	1	9	3
5	9	3	1	4	6	8	7	2
2	7	1	8	9	3	6	4	5
9	3	7	6	5	1	4	2	8
1	4	8	2	3	7	5	6	9
6	2	5	4	8	9	3	1	7
3	1	9	5	6	2	7	8	4
8	6	2	3	7	4	9	5	1
7	5	4	9	1	8	2	3	6

186

3	7	9	6	1	8	5	4	2
8	5	6	9	4	2	1	3	7
4	1	2	5	3	7	9	6	8
6	2	7	1	8	9	3	5	4
5	3	8	2	6	4	7	1	9
9	4	1	7	5	3	8	2	6
2	9	4	3	7	5	6	8	1
1	8	3	4	9	6	2	7	5
7	6	5	8	2	1	4	9	3

187

8	4	5	9	1	7	6	2	3
6	1	9	2	5	3	4	7	8
7	2	3	6	8	4	1	5	9
3	5	4	1	6	9	2	8	7
2	7	8	3	4	5	9	1	6
1	9	6	7	2	8	5	3	4
4	6	1	8	7	2	3	9	5
5	3	7	4	9	1	8	6	2
9	8	2	5	3	6	7	4	1

188

7	9	3	4	8	5	2	1	6
8	2	6	1	3	7	9	4	5
5	1	4	9	6	2	8	3	7
9	3	1	6	4	8	7	5	2
6	8	2	7	5	1	3	9	4
4	7	5	2	9	3	1	6	8
1	5	8	3	2	6	4	7	9
3	6	9	8	7	4	5	2	1
2	4	7	5	1	9	6	8	3

189

5	8	2	7	4	9	1	3	6
9	3	7	8	1	6	4	5	2
1	6	4	5	2	3	8	9	7
6	1	8	3	5	7	9	2	4
4	9	5	2	8	1	7	6	3
7	2	3	6	9	4	5	1	8
8	4	6	9	3	5	2	7	1
2	7	9	1	6	8	3	4	5
3	5	1	4	7	2	6	8	9

190

5	3	7	9	8	4	6	1	2
2	9	8	6	1	3	5	4	7
4	6	1	7	5	2	8	9	3
6	1	4	8	7	5	3	2	9
8	7	9	3	2	6	1	5	4
3	2	5	1	4	9	7	8	6
9	5	6	2	3	1	4	7	8
7	4	3	5	9	8	2	6	1
1	8	2	4	6	7	9	3	5

191

7	6	1	8	4	2	5	9	3
8	4	5	3	9	6	1	7	2
3	2	9	7	1	5	8	4	6
4	8	2	1	5	9	3	6	7
1	3	6	4	2	7	9	8	5
9	5	7	6	8	3	2	1	4
6	9	4	5	3	8	7	2	1
5	1	8	2	7	4	6	3	9
2	7	3	9	6	1	4	5	8

192

1	7	6	5	9	4	2	8	3
3	9	4	7	2	8	5	6	1
2	8	5	3	6	1	7	9	4
4	1	9	8	5	2	6	3	7
7	2	8	9	3	6	1	4	5
6	5	3	1	4	7	8	2	9
8	6	7	4	1	9	3	5	2
5	4	2	6	7	3	9	1	8
9	3	1	2	8	5	4	7	6

193

1	6	8	7	9	4	3	2	5
7	3	4	5	2	6	1	8	9
9	2	5	3	8	1	4	6	7
5	7	2	1	6	9	8	3	4
4	1	9	8	7	3	6	5	2
3	8	6	2	4	5	9	7	1
2	4	3	9	5	8	7	1	6
8	9	7	6	1	2	5	4	3
6	5	1	4	3	7	2	9	8

194

2	9	6	8	3	1	7	5	4
7	5	8	2	6	4	3	1	9
3	1	4	7	5	9	6	2	8
4	7	2	6	1	8	9	3	5
8	6	5	4	9	3	1	7	2
1	3	9	5	7	2	4	8	6
9	2	7	1	8	6	5	4	3
6	8	1	3	4	5	2	9	7
5	4	3	9	2	7	8	6	1

195

9	7	3	6	2	5	8	4	1
8	2	5	4	9	1	7	3	6
6	1	4	8	7	3	5	2	9
7	6	2	9	3	4	1	5	8
3	4	8	1	5	7	6	9	2
5	9	1	2	8	6	4	7	3
4	8	9	7	1	2	3	6	5
2	3	6	5	4	8	9	1	7
1	5	7	3	6	9	2	8	4

196

9	8	4	5	2	7	3	6	1
1	3	6	4	8	9	5	7	2
5	7	2	1	6	3	9	4	8
8	4	3	2	7	5	6	1	9
6	5	7	9	1	8	4	2	3
2	1	9	3	4	6	8	5	7
7	9	1	8	5	4	2	3	6
4	2	8	6	3	1	7	9	5
3	6	5	7	9	2	1	8	4

197

5	6	4	2	9	8	3	7	1
8	3	7	6	4	1	2	9	5
1	9	2	7	3	5	4	6	8
4	1	6	8	2	9	7	5	3
3	2	5	4	1	7	9	8	6
9	7	8	5	6	3	1	2	4
2	5	9	1	8	4	6	3	7
7	4	3	9	5	6	8	1	2
6	8	1	3	7	2	5	4	9

198

8	5	7	2	4	6	3	1	9
9	6	3	5	1	8	2	4	7
1	4	2	3	7	9	6	5	8
6	9	1	7	3	5	8	2	4
3	2	5	4	8	1	7	9	6
7	8	4	9	6	2	5	3	1
5	1	6	8	2	4	9	7	3
4	3	9	6	5	7	1	8	2
2	7	8	1	9	3	4	6	5

199

9	2	5	1	4	7	6	3	8
8	4	7	3	9	6	1	2	5
1	6	3	8	5	2	4	9	7
7	8	6	5	2	4	9	1	3
5	3	2	9	8	1	7	6	4
4	9	1	7	6	3	5	8	2
2	1	4	6	7	8	3	5	9
6	7	9	2	3	5	8	4	1
3	5	8	4	1	9	2	7	6

200

5	6	8	2	9	3	1	4	7
4	1	3	5	8	7	2	6	9
9	2	7	6	1	4	5	8	3
2	5	4	9	7	1	6	3	8
1	3	9	8	6	5	4	7	2
7	8	6	4	3	2	9	5	1
3	4	5	1	2	8	7	9	6
6	7	2	3	4	9	8	1	5
8	9	1	7	5	6	3	2	4